Bernd Lehnhoff

Mein Kochnotizbuch

Aufzeichnungen eines passionierten „Pottkiekers“

Ingeborg Verlag

Impressum:
Bernd Lehnhoff, Mein Kochnotizbuch – Aufzeichnungen eines passionierten „Pottkiekers"

Verlag: Ingeborg Verlag, Wallstraße 14, 32805 Horn – Bad Meinberg
Internet: www.ingeborgverlag.npage.de
E-Mail: Ingebrog_verlag@web.de

ISBN: 978-3-945935-91-0

Satz und Layout: Bernd Lehnhoff
Druck: BoD, Norderstedt
Coverdesign: Bernd Lehnhoff

Verlag und Autor danken *Anja Volkmann-Umierski* für ihre wertvolle Hilfe beim Lektorat.

Bernd Lehnhoff

Mein Kochnotizbuch

Aufzeichnungen eines passionierten „Pottkiekers“

1. Auflage 2019
Ingeborg Verlag
Horn – Bad Meinberg 2019

Das Märchen vom kleinen „Pottkieker"

Es war einmal ein kleiner Junge. Der lebte vor vielen, vielen Jahren mit seinen bitterarmen Eltern zur Untermiete bei einem freundlichen älteren Ehepaar. Dort gab es für die drei nur zwei Zimmer: Das eine wurde als Schlafzimmer genutzt, das andere als Wohnzimmer, Kinderzimmer und Küche. Wir sollten jedoch nicht verschweigen, dass dazu noch eine riesige Terrasse kam, die sich über die Dächer dreier nebeneinander liegender Garagen erstreckte. Und das waren drei sehr breite Garagen, denn das Haus war ein großer dunkler Kasten aus den Zwanziger Jahren und die Garagen waren offensichtlich für recht hochherrschaftliche Karossen ausgelegt. Auf der so beschaffenen Terrasse war der kleine Junge so oft wie möglich, vor allem im Spätsommer, wenn sich die Gelegenheit bot, den Zwetschgenbaum im Garten des Elektromeisters nebenan um einen nicht unerheblichen Teil seiner Früchte zu erleichtern, denn der arme Baum hatte schwer daran zu tragen und der kleine Junge besaß eine mitfühlende Seele.

Leider aber lebte der kleine Junge in einer Stadt, in der die Menschen sogar noch heute mit einem Regenschirm in der Hand auf die Welt kommen, so viel Regen, Schnee und andere Niederschläge gibt es dort, und deshalb gab es nicht allzu viele Gelegenheiten, sich auf der großen Terrasse aufzuhalten. So hockte er denn tagaus, tagein in der Kinder-Wohnzimmer-Küche, entweder unter dem runden Wohnzimmertisch mit der bis auf den Boden reichenden Tischdecke, wo er dann malte, malte und immer wieder malte, oder am Küchentisch, um seiner Mutter beim Kochen zuzuschauen. Aus dieser Zeit hat er vor allem drei Vorlieben behalten: Die für große Küchen, die für das Malen und die für das „Pottkieken", na ja, geben wir's zu, und auch die für Zwetschgen.

Als die Familie größer wurde und das Bundesland, in dem der kleine Junge wohnte, auf den glücklichen Gedanken kam, seine Polizeibeamten besser zu bezahlen, zog die Familie in einen Neubau um. Dort war zwar die Wohnung größer, und es gab sogar eine eigene Küche, aber die war winzig und typisch für eine Zeit, in der das Kochen gering geschätzt wurde und die Küche als wichtiger Ort für das Familienleben noch viel geringer. Und es gab auch keine große Terrasse mehr, wohl aber des Elektromeisters rotgelocktes Töchterlein, welche das Schicksal nach ihrer Heirat in genau dasselbe Haus verschlagen hatte. Ihr Ehemann war Lehrer, und zwar just an jenem Gymnasium, auf das später auch der kleine Junge geschickt wurde. Kleine Sünden bestraft der liebe Gott eben sofort.

Der kleine Junge wuchs heran, und stand irgendwann vor der Entscheidung, zu heiraten, zu verhungern oder selbst zu kochen. Und siehe da, es stellte sich heraus, dass er nicht nur einen Haufen Zeugs auf dem besagten Gymnasium gelernt hatte, sondern beim „Pottkieken" auch eine Menge vom Kochen. Er verzichtete also auf die ersten beiden Möglichkeiten, überlebte und, da er sowieso eine Menge Bücher lesen musste, fügte seinem Bücherschrank noch viele, viele Kochbücher hinzu, guckte aber auch weiterhin noch in fremde Töpfe und fand zu seiner Freude bald heraus, dass seine Freunde und Bekannten Gefallen an dem fanden, was er selbst da so zusammenbrutzelte. Als nach seinem Vater auch seine Mutter – viel zu jung – verstorben war, kam er auf die Idee, einige alte und neue Familienrezepte aufzuschreiben, damit sie nicht verloren gingen.

Und als die Sammlung nach und nach immer stattlicher wurde, brachte der kleine „Pottkieker" eine Auswahl seiner Rezepte in eine optisch halbwegs ansprechende Form, und da er mit der Zeit gegangen war und sich einiges Geschick mit den entsprechenden Computerprogrammen angeeignet hatte, natürlich als PDF, das er dann und wann an Bekannte weiterreichte, die selber gerne kochten. Einmal bekam er dafür sogar von einer so beschenkten Dame als Dankeschön ein gelehrtes Buch über die Küche der Römer geschenkt, das sie verfasst hatte. Und wie er die Rezepte in seiner Sammlung alle mindestens einmal selbst ausprobiert hatte, so hatte sie es mit denen in ihrem Buch getan.

Doch als der kleine „Pottkieker" das PDF eines Tages einer jungen Dame weiterreichte, die gerade als Praktikantin an der Institution weilte, an der auch er tätig war, stellte sich diese als eine gute Fee mit einem kleinen Verlag heraus. Und wie solche guten Geister nun einmal sind, setzte sie sich sofort in den Kopf, die Rezeptsammlung dem deutschsprachigen Teil der Menschheit als Buch zugänglich zu machen. Und da gute Feen natürlich auch zauberkundig sind, schaffte sie es problemlos, den kleinen „Pottkieker" davon zu überzeugen, seine Zustimmung zu diesem ihm einigermaßen fantastisch vorkommenden Vorhaben zu geben. Kaum hatte sie die gewünschte Zusage, zauberte sie aus dem Nichts einen Vertrag hervor, dessen Umfang an das Telefonbuch einer nahe gelegenen Kleinstadt gemahnte, und während sich der kleine „Pottkieker" noch verwundert die Augen rieb, hatte er diesen auch schon mit einer goldenen Feder unterzeichnet und war so unversehens Autor eines richtigen Kochbuchs geworden.

Und wenn seine Leser nicht an den Rezepten darin gestorben sind, so kochen sie noch heute.

Natürlich ist das ein Märchen. Aber ein Körnchen Wahrheit steckt wie in allen Märchen auch in diesem. Schön, die goldene Feder ist erfunden; tatsächlich handelte es sich um einen Kugelschreiber mit dokumentenechter Mine nach ISO 12757-2. Und der kleine Junge hat nicht nur Zwetschgen stibitzt, sondern – *horribile dictu* – auch Rhabarber und Stachelbeeren aus dem Garten, der zu dem dunklen Haus gehörte. Auch die Liebe zu diesen beiden Erzeugnissen heimischer Gärten ist ihm bis heute geblieben; mittlerweile pflegt er aber, wie betont werden sollte, dafür zu bezahlen – übrigens auch für Zwetschgen, immerhin ein schönes Beispiel für gelungene (Re-)Sozialisierung. Das dunkle Haus erstrahlt übrigens – nach einer längeren weißen Phase – mittlerweile in einem recht merkwürdigen Milchkaffeebraun, trotz dieses scheußlichen Tons wahrscheinlich froh darüber, dass ein Charakter solch zweifelhafter Natur nicht mehr innerhalb seiner Mauern weilt.

Unleugbar wahr ist aber, dass meine Verlegerin Sabine Fischer-Lechner eine gute Fee ist. Sie muss es sein, denn nur gute Feen und andere Geister, die der Menschheit wohlgesonnen sind, gründen im Zeitalter von Amazon und Konsorten noch kleine Verlage, nur weil sie schlicht und einfach Bücher lieben. Und deshalb hoffe ich (wenn auch natürlich nicht ganz ohne Eigennutz), dass meine kleinen Kochnotizen viele Freunde finden werden. Soviel Mut und Engagement müssen einfach belohnt werden!

Bochum, 2. August 2019

Bernd Lehnhoff

Inhaltsverzeichnis

Alle Rezepte sind – soweit nicht anders angegeben – für vier Personen ausgelegt.

Für Mengenangaben werden die üblichen Abkürzungen benutzt; insbesondere bedeuten **Msp** Messerspitze, **EL** Esslöffel und **TL** Teelöffel.

Bei den Zeitangaben steht **Min.** für Minute(n) und **Std.** für Stunde(n).

Beim Backofen wird generell ein Umluftherd vorausgesetzt, wenn nicht ausdrücklich etwas Anderes vorgeschrieben wird.

Vorspeisen

Artischocken in Tomaten-Salsa

- ca. 16 Artischockenherzen aus der Dose, abgetropft und halbiert
- 2 Zwiebeln, fein gehackt
- 2 Knoblauchzehen, fein gehackt
- 4 Tomaten, geschält, entkernt und gewürfelt
- etwas Öl zum Braten
- 3 EL Sherryessig
- 50 ml trockener Sherry Fino
- 4 EL Olivenöl
- 3 EL gehackte frische Kräuter wie z. B. Basilikum, Petersilie, Majoran und/oder Thymian
- Salz
- schwarzer Pfeffer
- 1 Prise Zucker

1. In einer Pfanne Öl erhitzen, Zwiebeln und Knoblauch dazugeben und glasig dünsten. Tomaten hinzufügen und etwa 8 Min. lang mitdünsten. Vom Herd nehmen und erkalten lassen.
2. In einem Topf Sherryessig und Sherry mischen, das Olivenöl langsam nach und nach darunter schlagen und die Mischung zu den Tomaten geben. Gehackte Kräuter unterrühren. Salsa mit Salz, Pfeffer und Zucker abschmecken und bei niedriger Hitze dicklich einkochen lassen.
3. Artischockenherzen in einer flachen Form anrichten und die Tomatensauce darüber gießen. Abdecken und im Kühlschrank mind. 3 Std. durchziehen lassen.

Bohnensalat nach französischer Art

Dieses Rezept war ein ausgesprochenes Lieblingsrezept meiner Eltern. Ich besitze noch das Original aus einem Kalender für das Jahr 1973, das meine Mutter sorgfältig in einem ihrer Kochbücher aufbewahrt hat, und eine Kopie, die mein Vater seinerzeit auf jener Reiseschreibmaschine getippt hat, die ich in den Siebziger Jahren u. a. auch für meine Fantasy-Stories benutzt habe. Im Gegensatz zu diesen ist der Salat nach wie vor ausgezeichnet.

- 1 Glas feine junge Brechbohnen
- ½ (370 ml-) Glas Selleriesalat
- 2 Zwiebeln, in Ringen (heute verwende ich rote Zwiebeln)
- 1 Paprikaschote, in Streifen
- 4 Tomaten, geachtelt
- 4 hart gekochte Eier, geviertelt
- 1 Dose Thunfisch ***in Öl***, das Öl abgegossen, der Thunfisch zerpflückt

Marinade:

- 6 EL (Oliven-)Öl
- 2–3 EL Weinessig
- etwas (Dijon-)Senf
- Salz
- grob gemahlener schwarzer Pfeffer

1. Bohnen und Sellerie auf einem Sieb abtropfen lassen, dann in eine Salatschüssel geben. Zwiebelringe, Paprikastreifen, Tomatenachtel, Eierviertel und Thunfisch dazu geben.
2. Die Zutaten für die Marinade miteinander verrühren, abschmecken, über den Salat gießen und vorsichtig miteinander vermengen.

Salat aus Weißen Bohnen

- 185 g getrocknete Limabohnen (oder andere weiße Bohnen), über Nacht in reichlich Wasser eingeweicht
- 2 hart gekochte Eier, gewürfelt
- 90 g mit Paprikapaste gefüllte Oliven, in Scheiben geschnitten

- 1 Knoblauchzehe, fein gehackt
- 1 EL fein gehackte glatte Petersilie
- 2 EL Olivenöl
- 3 EL Rotweinessig
- ¼ TL mildes Paprikapulver
- Salz
- schwarzer Pfeffer

1. Bohnen abtropfen lassen, in einen Topf mit kochendem Wasser geben, aufkochen lassen und zeitweilig abgedeckt 35–45 Min. bei mittlerer Hitze bissfest kochen (manche Bohnen brauchen etwas länger!). Abtropfen lassen.
2. Bohnen, Eier, Oliven, Knoblauch und Petersilie in einer Schüssel mischen.
3. Olivenöl, Essig, Paprikapulver und etwas Salz und schwarzen Pfeffer in einer Rührschüssel gut mischen. Dressing über die Bohnen geben und den Salat gut mischen.
4. Vor dem Servieren mind. 1 Std. abgedeckt bei Zimmertemperatur marinieren lassen. Der Salat kann auch über Nacht kalt gestellt werden. Je länger die Marinierzeit, desto besser wird der Salat.

> Diesen Salat kann man auch mit Kichererbsen zubereiten.

Bunter Salat nach Art der Balearen

- 3 feste Tomaten, in Scheiben
- 4 EL Olivenöl
- 3 EL milder Essig
- eine Prise Salz
- frisch gemahlener schwarzer Pfeffer
- 1 reife Birne, geschält, Kerngehäuse entfernt, in Scheiben geschnitten
- 1 Apfel, geschält, Kerngehäuse entfernt, in Scheiben geschnitten
- 2 grüne Paprikaschoten, Samen entfernt, in Ringe geschnitten
- 2 Frühlingszwiebeln, gehackt

- 1 kleiner Bund Portulak oder Brunnenkresse (oder wahlweise glatte Petersilie und ein Löffelchen scharfer Senf in der Vinaigrette)
- 2 Party-Cracker, gesalzen
- 4 EL Kapern

1. Die Tomatenscheiben auf einen großen Teller oder in eine sehr flache Salatschüssel legen. Öl, Essig, Salz und schwarzen Pfeffer (sowie ggf. den scharfen Senf) in einer Schüssel verschlagen. Die Apfel- und Birnenscheiben nach dem Schneiden sofort in der Salatsauce wenden, damit sie sich nicht verfärben. Das Obst auf die Tomaten legen.
2. Die Paprikaringe darauf verteilen und mit den gehackten Frühlingszwiebeln bestreuen. Mit Portulak, Brunnenkresse oder Petersilie garnieren. Die zerbröselten Cracker und die Kapern darüber.

Chorizo in Apfelwein

- 3 TL Olivenöl
- 1 kleine Zwiebel, feingehackt
- 1½ TL mildes Paprikapulver
- 125 ml trockener Apfelwein
- 4 EL Hühner- oder Gemüsebrühe
- 1 Lorbeerblatt
- 280 g Chorizo, in schräge Scheiben geschnitten
- 2 TL Sherryessig, nach Geschmack
- 2 TL Petersilie, gehackt

1. Öl in einen Topf geben und die Zwiebel darin 3 Minuten rösten.
2. Paprika hinzugeben und 1 Minute dünsten.
3. Apfelwein, Brühe und Lorbeerblatt hinzugeben und aufkochen lassen.
4. Bei reduzierter Hitze 5 Minuten köcheln lassen.
5. Chorizo hinzugeben und weitere 5 Minuten köcheln lassen, bis die Sauce leicht einkocht.
6. Essig und Petersilie einrühren. Heiß servieren.

Chorizo in Rotwein

- 200 g Chorizo, am Stück, mit Haut!
- 200 ml Rotwein
- 2 EL Weinbrand (nach Belieben)
- frische glatte Petersilie zum Garnieren
- Baguette zum Servieren

1. Die Chorizo mit einer Gabel drei- bis viermal einstechen. Zusammen mit dem Wein in einen großen Topf geben, aufkochen, dann den Herd herunterschalten und die Mischung abgedeckt 15–20 Minuten köcheln lassen. In eine Schüssel geben und abgedeckt mindestens 8 Stunden marinieren lassen.
2. Danach die Wurst aus der Schüssel nehmen, den Wein beiseite stellen. Die Wurstpelle entfernen und die Chorizo in 5 mm dicke Scheiben schneiden. In eine gusseiserne Pfanne oder eine feuerfeste Form geben.
3. Weinbrand, sofern verwendet, in einem kleinen Topf erwärmen und über die Chorizoscheiben geben. Vom Herd zurücktreten und den Weinbrand mit einem Streichholz anzünden. Wenn die Flammen erloschen sind, die Pfanne leicht rütteln und den beiseite gestellten Wein hineingeben. Bei starker Hitze fast den ganzen Wein verdampfen lassen.
4. Chorizo sehr heiß in der Pfanne bzw. Form, in der sie zubereitet wurde, mit Petersilie garniert servieren. Mit Baguettescheiben oder -stücken zum Auftunken der Sauce und Zahnstochern zum Aufspießen der Wurstscheiben anrichten.

Albóndigas a la abuela – Fleischbällchen auf Großmutters Art

Fleischbällchen (Albóndigas) sind in Spanien als Tapas sehr beliebt, und daher gibt es sie in unzähligen Variationen.

- 350 g Rinderhackfleisch
- 350 g Schweinehackfleisch
- 1 Zwiebel
- 1 Knoblauchzehe
- 1 Ei
- 1 Scheibe Weißbrot (ohne Rinde)

- 1 Bund glatte Petersilie, gehackt
- Salz und Pfeffer
- 3 EL Mehl
- 150 ml Olivenöl
- 100 ml Weißwein
- 2 Zweige Thymian

1. Die Zwiebel schälen und fein hacken, die Knoblauchzehe schälen und ebenfalls hacken. Etwa 2 EL Öl in einer Pfanne erhitzen und den Knoblauch mit *der Hälfte* der Zwiebel glasig dünsten.
2. Das Ei in einer Schüssel wie für ein Omelette schlagen und das Fleisch, die gedünstete Zwiebel mit dem Knoblauch und ihrem Öl, die zerkleinerte Brotscheibe, die Petersilie, Salz und Pfeffer dazugeben. Alles gut mischen, mit der Hand kleine Fleischbällchen formen und in Mehl wälzen.
3. Das Öl in einer Pfanne erhitzen und die Fleischbällchen leicht anbraten, abtropfen lassen, herausnehmen und in eine Kasserolle geben. Das Öl bis auf 2 EL aus der Pfanne nehmen und die andere Hälfte der Zwiebel darin glasig dünsten. Einen halben EL Mehl dazugeben, schnell umrühren und mit dem Wein ablöschen. Umrühren und über die Fleischbällchen gießen. 100 ml Wasser und den Thymian dazu geben, zudecken und auf kleiner Flamme 20 Minuten köcheln lassen.

Albóndigas in Tomatensauce

Die Albóndigas:

- 350 g gemischtes Hackfleisch
- 3 Knoblauchzehen, fein gehackt oder gepresst
- 1 TL gemahlener Koriander
- 1 TL gemahlener Muskat
- 1 TL gemahlener Kreuzkümmel
- 1 Msp gemahlener Zimt
- 35 g Paniermehl
- Salz
- gemahlener Piment

- 1 Ei
- 2 EL Olivenöl

1. Hackfleisch, Knoblauch, Gewürze, Paniermehl und Ei, sowie nach Geschmack Salz und Piment in einer Schüssel mischen und – am besten mit den Händen – zu einem glatten Teig mischen. Abgedeckt 30 Min. kalt stellen.
2. Esslöffelgroße Portion der Mischung zu Bällchen formen. 1 EL Olivenöl in einer Pfanne erhitzen und die Hälfte der Fleischbällchen bei mittlerer Hitze 2–3 Min. braten. Auf Küchenpapier abtropfen lassen. Dieselbe Prozedur mit der anderen Hälfte der Fleischbällchen wiederholen.

Die Tomatensauce:

- 1 EL Olivenöl
- 1 Zwiebel, gehackt
- 2 Knoblauchzehen, fein gehackt oder gepresst
- 125 ml trockener Weißwein
- 1 Dose (425 ml) Polpa di Pomodori („Pizzatomaten", „Tomatenstücke in eigenem Saft")
- 125 ml Hühner- oder Gemüsebrühe
- ½ TL Cayennepfeffer (oder eine halbe zerriebene Chili-Schote)
- 80 g Erbsen (TK-Ware)

1. Öl in einem Topf erhitzen, Zwiebel hinein geben und bei mittlerer Hitze 3 Min. glasig dünsten, Knoblauch hinzu geben und 1 Min. mitdünsten. (Bei Verwendung der getrockneten Chili-Schote diese ebenfalls in diesem Stadium hinzufügen.)
2. Hitze erhöhen und den Wein zugeben. 1 Min. kochen lassen, damit der Alkohol verdampft. Tomaten und Brühe zugeben und 10 Min. köcheln lassen.
3. Cayennepfeffer (falls verwendet), Erbsen und Fleischbällchen hinzu geben und 5–10 Min. köcheln lassen, bis die Sauce dickflüssig ist und die Bällchen rundum damit bedeckt sind.

Mediterraner Geflügelsalat

Das Dressing:

- 125 ml Olivenöl
- 2 EL Weißweinessig
- 1–2 Knoblauchzehen, in das Dressing gepresst
- 1 TL Dijon-Senf
- ½ TL getrockneter Oregano
- ½ TL brauner Zucker

Alle Zutaten für das Dressing in ein Glas mit Schraubverschluss geben. Dieses sorgfältig verschließen und anschließend kräftig durchschütteln.

- 600 g Hähnchenfilets aus Brust oder Keule, in Streifen geschnitten
- 2 EL Olivenöl
- Salz
- weißer Pfeffer
- 1 kleine Dose Artischockenherzen
- 6 reife Tomaten, geschält, oder 6 Tomaten aus der Dose, geviertelt
- 1 kleine Fenchelknolle, in Scheiben geschnitten
- 1 kleine rote Zwiebel, in Ringe geschnitten
- 1 kleine Salatgurke, geschält und in dicke, halbierte Scheiben geschnitten
- 12 schwarze Oliven, entkernt
- 125 g Feta, gewürfelt
- 3 hart gekochte Eier, gepellt und geviertelt
- 20 g frisch gehackter Basilikum

1. Das Öl in einer Pfanne erhitzen und das Hähnchenfleisch darin von allen Seiten goldbraun anbraten. Herausnehmen und auf Küchenpapier abtropfen lassen. Anschließend auf einen Teller legen und abkühlen lassen.
2. Hähnchenfleisch, Artischocken, Tomaten, Fenchel, Zwiebel, Gurke und Oliven in eine große Schüssel geben und alles mit einander verrühren.
3. Die Vinaigrette über die Hähnchenmischung schütten und gut unterheben.
4. Den Feta, die Eier und den Basilikum in die Schüssel geben. Vorsichtig untermischen, damit die Form der Eier und des Käses erhalten bleiben. Evtl. die Eier sogar erst kurz vor dem Servieren über dem Salat verteilen.

Gegrillter Lauch

- 8 kleine Poreestangen
- 2 EL Olivenöl, sowie weiteres zum Bestreichen
- 2 EL Weißweinessig
- 1 EL Zitronensaft
- 2 EL frisch gehackter Schnittlauch
- 2 EL frisch gehackte glatte Petersilie
- 1 TL scharfer Senf
- Salz
- Schwarzer Pfeffer
- Petersilienzweige zum Garnieren

1. Porreestangen putzen und der Länge nach halbieren. Gründlich waschen und mit Küchenpapier trocken tupfen.
2. Eine (Grill-)Pfanne erhitzen und mit Olivenöl ausstreichen. Den Porree dann bei mittlerer Hitze unter gelegentlichem Wenden fünf Minuten braten. In eine flache Auflaufform legen.
3. Unterdessen Olivenöl, Essig, Zitronensaft, Schnittlauch, Petersilie und Senf in einer Schale verquirlen und mit Pfeffer und Salz würzen. Über den Porree geben und vorsichtig mischen. Mit Frischhaltefolie abgedeckt bei Zimmertemperatur unter gelegentlichem Wenden 30 Minuten lang marinieren.
4. Die Porreehälften auf Teller verteilen und mit Petersilienzweigen garniert servieren.

Orangensalat

- 2 große Orangen
- 100 g schwarze Oliven
- Saft von 1 Grapefruit (möglichst eine rosa Frucht)
- Saft von 1 Orange
- 4 EL Olivenöl extra vergine
- Minzblättchen zum Garnieren

1. Die Orangen sorgfältig schälen, die weiße Haut ***vollständig*** entfernen. Die Orangen in dünne Scheiben schneiden und in einer Schale oder auf mehreren Desserttellern verteilen.
2. Die Oliven darüber verteilen. Den Orangen- und Grapefruitsaft vermischen und über die Orangen gießen. Etwas ziehen lassen.
3. Vor dem Servieren Olivenöl darüber träufeln, mit Minzeblättchen garnieren.

Orangensalat mit Radieschen

Dressing:

- 2 EL Olivenöl
- 2 TL Zitronensaft
- 1 TL Orangensaft
- ¼ TL Kreuzkümmel
- ¼ TL (brauner) Zucker

Die Zutaten für das Dressing in einer Schüssel sorgfältig verrühren.

Der Salat:

1. 4 (möglichst kernlose) Orangen
2. 4 Radieschen, in dünne Scheibchen geschnitten
3. 12 schwarze Oliven, entkernt und in Streifen geschnitten

1. Die Orangen filetieren (s. u.).
2. Die Orangenfilets sternförmig in einer flachen Schale auslegen und die Radieschenscheiben darüber verteilen. ¾ der Oliven in der Mitte plazieren.
3. Das Dressing über den Salat träufeln und alles mit den restlichen Oliven bestreuen.

> Man filetiert eine Orange, indem man sie zunächst schält und dann alles weiße „Mark“ einschließlich der Haut über den Spalten sorgfältig entfernt. Mit einem scharfen Messer löst man dann die einzelnen Spalten zwischen den Häutchen heraus. Am besten hält man die Orange dabei über eine Schüssel, um den austretenden Saft aufzufangen.

Orangensalat mit Spinat

- 4 mittelgroße Orangen
- 10–12 Spinatblätter
- 1 mittelgroße rote Zwiebel, in Ringe geschnitten
- 125 g schwarze Oliven, entkernt
- 5 EL Olivenöl
- 4 EL Rotweinessig
- 60 g geröstete Pinienkerne oder gehobelte Mandeln

1. Die Orangen filetieren (s. o.).
2. Den Spinat waschen, zerpflücken und in eine große Schüssel geben. Zwiebelringe, Orangen und schwarze Oliven hinzu geben.
3. Olivenöl und Essig in einer kleinen Schüssel mit dem Schneebesen verquirlen.
4. Dressing über den Salat geben und gut mischen. In einer Schale anrichten und mit den Pinienkernen oder Mandeln bestreuen.

Gerösteter Spargel

- 12 Stangen grüner Spargel, möglichst gleichmäßig dick
- 6 Scheiben Serrano-Schinken (oder anderer luftgetrockneter Schinken), der Länge nach halbiert
- 2 EL Olivenöl
- schwarzer Pfeffer

1. Den Backofen auf 200°C vorheizen.
2. 1 EL Olivenöl in eine Auflaufform geben und durch Schwenken auf dem Boden verteilen.
3. Die holzigen Enden der Spargelstangen entfernen. Die Stangen jeweils mit einer halben Scheibe Schinken fest umwickeln. Die Stangen dann in einer Lage in die Form legen und mit dem restlichen Olivenöl bestreichen. Mit schwarzem Pfeffer würzen.
4. Den Spargel im Ofen in etwa 10 Min. bissfest rösten. (Die genaue Backzeit hängt von der Dicke der Stangen ab.)
5. Den Spargel möglichst heiß servieren, am besten mit einer Aïoli als Dip.

Salat aus grünem Spargel und Erdbeeren

- 500 g grüner Spargel
- 250 g nicht zu reife Erdbeeren, geviertelt (große vorher quer halbieren)
- Salz
- 1 TL Zucker
- 3 EL Olivenöl
- 2–3 EL sog. weißer *Balsamico* oder milder Weißweinessig
- schwarzer Pfeffer
- nach Geschmack Honig, (brauner) Zucker oder flüssiger Süßstoff
- 6 oder mehr Blättchen frischer Basilikum, in kleine Stückchen gezupft

1. Die unteren holzigen Enden des Spargels entfernen und die Stangen in 3–4 cm lange Stücke schneiden. In einem Topf mit kochendem Salzwasser (und einem 1 TL Zucker) den Spargel darin bissfest kochen. Die Spargelstücke abgießen, mit kaltem Wasser abschrecken und zum weiteren Abkühlen beiseite stellen.
2. Aus Öl, Essig, den zerzupften Baslikumblättern, Salz und Pfeffer sowie nach Geschmack Honig, Zucker oder flüssigem Süßstoff eine Vinaigrette zubereiten.
3. Spargel und Erdbeeren in eine Schüssel geben und mit der Vinaigrette vermischen. Mind. 1 Std. abgedeckt im Kühlschrank marinieren lassen.

Kleine Pfannkuchen mit Spargel

- 50 g Mehl
- ½ TL Backpulver
- ½ TL Senfpulver
- 1 Ei, verquirlt
- 4 EL Milch
- 1 EL Weinbrand
- 8 Stangen grüner Spargel
- 8 Scheiben Parma-Schinken (oder anderer luftgetrockneter Schinken)
- 3 EL Olivenöl (sowie weiteres zum Braten)

- 1 EL Weinbrand (Ich habe 'mal den Weinbrand im Dressing durch *Balsamico* ersetzt und fand das Ergebnis eigentlich noch überzeugender. Milder Estragonessig könnte auch ganz nett sein. Der grüne Spargel kann's jedenfalls ertragen.)
- Salz
- schwarzer Pfeffer

1. Die unteren Enden der Spargelstangen entfernen und die Stangen in Salzwasser (ggf. einen TL Zucker zusetzen) bissfest kochen. Abgießen und mit kaltem Wasser abschrecken.
2. Mehl, Back- und Senfpulver in eine Schüssel sieben. Eine Mulde in die Mitte drücken. Ei, Milch und Weinbrand zugeben und alles zu einem glatten Teig verrühren. (Wer kein Senfpulver hat, sollte vorher einen halben Löffel scharfen Senf mit der Milch verquirlen.)
3. Eine Bratpfanne erhitzen und gründlich einfetten. Den Teig für 4 kleine Pfannekuchen (etwa Reibekuchengröße) mit einem EL in die Pfanne geben. 2–3 Min. braten, bis Blasen an die Oberfläche steigen und aufplatzen.
4. Mit einem Pfannenwender wenden und auf der anderen Seite 2–3 Min. braten, bis sie goldbraun sind. Aus der Pfanne nehmen und warm halten und vier weitere Pfannekuchen backen.
5. 3 EL Olivenöl, 1 EL Weinbrand, Salz und schwarzen Pfeffer mit dem Schneebesen zu einem Dressing verquirlen und abschmecken.
6. Auf vier Teller jeweils zwei Pfannekuchen geben. Auf jeden Pfannekuchen eine Spargelstange legen und mit einer Scheibe Schinken „dekorativ umwickeln" (wie es im Originalrezept so schön heißt). Etwas Dressing darüber geben.

Athener Thunfischsalat

- 1 Dose Thunfisch ***in Öl***
- 150 Feta, gewürfelt
- 2 hartgekohte Eier, gewürfelt
- 8 mit Paprika gefüllte Oliven, in Scheiben geschnitten
- 1 Glas eingelegter Tomatenpaprika (in Streifen schneiden, falls er nicht schon so eingelegt worden ist)
- 125 ml Sahne
- 3 EL Öl

- 2 EL Tomatenketchup (ganz normaler, kein extra scharfer oder dgl.)
- Salz

1. Zerpflückten Thunfisch, Eier, Käse, Oliven und Paprika in eine Salatschüssel geben und vorsichtig vermischen.
2. Die Sahne schlagen, aber nur so weit, dass sie noch nicht steif ist. Das Öl und den Tomatenketchup dazugeben und verrühren. Mit Salz abschmecken.
3. Das Dressing über den Salat geben, kühl stellen und vorsichtig durchziehen lassen.

Tonno e Fagioli – Thunfischsalat mit Bohnen

- 1 rote Zwiebel, fein gehackt
- 2 EL (Dijon-)Senf
- 100 ml Olivenöl
- 60 ml Estragonessig
- 2 EL gehackte glatte Petersilie
- 2 EL gehackter Schnittlauch
- 2 EL gehackter Estragon
- 400 g weiße Bohnen
- 400 g Kidney-Bohnen
- 1 Dose Thunfisch in Öl, abgetropft

1. Senf, Öl, Essig und die Kräuter gründlich verrühren (s. o. S. 8).
2. Die Bohnen abtropfen lassen.
3. Bohnen und Zwiebeln mit der Vinaigrette anmachen, den Thunfisch vorsichtig unterheben. Mind. 1 Std. durchziehen lassen, noch einmal vorsichtig verrühren und servieren.

Tomaten aus dem Ofen

- 8 reife Tomaten
- 3 frische Thymianzweige (plus weitere zum Garnieren)
- 12 Knoblauchzehen, ungeschält
- 5 EL Olivenöl
- Salz
- Schwarzer Pfeffer

1. Den Backofen auf 220° vorheizen.
2. Die Tomaten der Länge nach halbieren und mit der Schnittfläche nach oben eng nebeneinander in eine große Auflaufform legen. Thymianzweige und Knoblauchzehen dazwischen stecken.
3. Die Schnittflächen der Tomaten mit Olivenöl bepinseln oder beträufeln und nach Belieben mit Pfeffer würzen. 40–45 Minuten rösten, bis die Tomaten weich sind und sich an den Rändern dunkel färben.
4. Die Thymianzweige entfernen und wegwerfen. Die Tomaten mit Salz und Pfeffer würzen. Mit den zusätzlichen frischen Thymianzweigen garnieren. Heiß oder warm servieren.
5. Bei Tisch den Knoblauch aus seiner Haut auf die Tomaten drücken.
6. Bei der *italienischen Variante* statt des Thymians frischen Oregano sowie drei Lorbeerblätter verwenden.

Tomatensalat nach Art von Murcia

- 1 Zwiebel, fein gehackt
- 3 Knoblauchzehen, fein gehackt
- 1 Fleischtomate, geschält, entkernt und zerkleinert
- 2 EL Estragonessig
- Salz
- schwarzer Pfeffer
- 1 Prise Kreuzkümmel
- 4 EL Olivenöl

- 500 g reife Tomaten, geachtelt
- 1 EL fein gehackte glatte Petersilie

1. Zwiebel, Knoblauch und die Fleischtomate in einen Mörser geben und zerstampfen.
2. Mit Essig, Salz, Pfeffer und Kreuzkümmel würzen und anschließend das Olivenöl unterarbeiten.
3. Die Tomaten in eine Salatschüssel geben und mit dem Tomatendressing übergießen. Gut untermischen und mit Salz abschmecken. Ziehen lassen.
4. Vor dem Servieren die Petersilie darüber streuen und alles noch einmal gut durchmischen.

Tortilla de Patatas

Die Tortilla ist gewissermaßen das Nationalgericht der Spanier, und es gibt sie in unzähligen Varianten mit Gemüse, Fisch oder Wurst. Dies hier ist die Grundversion, die manchmal auch nur schlicht (aber bezeichnend) „Tortilla español" genannt wird.

- 750 g mehlig kochende Kartoffeln, geschält und in dünne Scheiben geschnitten
- 2 große Zwiebeln, gewürfelt
- 7 EL Olivenöl
- Salz
- schwarzer Pfeffer
- 6 Eier

1. Die Hälfte des Olivenöls in einer Pfanne mit hohem Rand, etwa 20 cm im Durchmesser, erhitzen. Kartoffelscheiben und Zwiebelwürfel darin bei mittlerer Hitze etwa 25 Min. garen, nicht braten. Mit Salz und Pfeffer würzen und etwas abkühlen lassen.
2. Eier in einer Schüssel aufschlagen und verquirlen, mit Salz und Pfeffer kräftig würzen. Kartoffeln und Zwiebeln zu den Eiern geben.
3. Das restliche Olivenöl in der Pfanne erhitzen, die Eiermischung hineingeben und bei milder Hitze in etwa 6 Min. stocken lassen (erfahrungsgemäß dauert's immer etwas länger). Dabei immer wieder an der Pfanne rütteln.

4. Die Pfanne mit einem flachen Teller oder Deckel bedecken. Pfanne und Teller fest zusammen halten und umdrehen, so dass die Tortilla auf dem Teller zu liegen kommt. (Vorsicht! Man kann sich an herabtropfendem Öl verbrennen!)
5. Dann vorsichtig wieder in die Pfanne gleiten lassen und in weiteren 6–8 Min. fertig braten lassen.
6. Die Tortilla in Tortenstücke schneiden und warm oder kalt servieren.

Die Backofen-Version:

Dies ist die Party-Version der klassischen Tortilla, aber auch eine für alle diejenigen, die sich nicht so recht an das bisweilen recht knifflige Wenden wagen.

- 2 Knoblauchzehen, geschält
- 4 Frühlingszwiebeln, die hellen Teile klein gehackt
- 2 Paprika-Schoten, möglichst unterschiedlicher Farbe, gewürfelt
- Olivenöl zum Braten
- 3 gekochte Kartoffeln, geschält und gewürfelt
- 5 Eier
- 75 ml saure Sahne
- 150 g geriebener Käse (z. B. Roncal, Gouda oder Parmesan)
- 3 EL Schnittlauchröllchen
- Salz
- weißer Pfeffer
- Öl für die Form
- Alufolie zum Auslegen der Form

1. In einer Pfanne Öl bei mittlerer Temperatur erhitzen und darin Knoblauch, Frühlingszwiebeln und Paprika unter Rühren 10 Min. weich dünsten, dann abkühlen lassen und die Kartoffelwürfel untermischen.
2. Den Backofen auf 180°C (Gas Stufe 2) vorheizen.
3. Eine eckige Auflaufform (ca. 18 cm × 25 cm) mit Alufolie auslegen und einfetten.
4. Eier, Sahne, Käse und Schnittlauch in einer großen Schüssel miteinander verquirlen. Das abgekühlte Gemüse (Punkt 1) untermischen. Mit Salz und Pfeffer abschmecken.

5. Die Mischung in die Form geben und glatt streichen. Im Backofen (Mitte) mindestens 40 Min. backen; die Mischung muss auch innen fest sein.
6. Aus dem Ofen nehmen und abkühlen lassen. Die Ränder ggf. etwas begradigen. Die Tortilla in Würfel schneiden. Für Partys durch jeden Würfel einen Zahnstocher oder ein Holzspießchen stecken und auf einer Platte oder auf Tellerchen anrichten.

Tortilla mit Chorizo

- 2 mittelgroße Kartoffeln
- 4 EL Olivenöl
- 1 kleine Zwiebel, fein gehackt
- 1 rote Paprika, entkernt und gewürfelt
- 2 Tomaten, entkernt und gewürfelt
- 150 g Chorizo, fein gewürfelt
- 8 große Eier
- 2 EL kaltes Wasser
- Salz und Pfeffer
- 50 g geriebener Manchego oder ähnlicher Käse

1. Kartoffeln in einem Topf mit leicht gesalzenem Wasser 15–20 Minuten bissfest kochen. Abgießen und abkühlen lassen, dann würfeln.
2. Olivenöl in einer großen feuerfesten Pfanne erhitzen. Zwiebel-, Paprika- und Tomatenwürfel darin auf kleiner Stufe unter gelegentlichem Rühren 5 Minuten andünsten. Kartoffel- und Chorizowürfel hinzugeben und 5 Minuten weiter dünsten. Unterdessen den Backofen auf 200°C vorheizen.
3. Eier und Wasser mit Salz und Pfeffer in einer großen Schüssel miteinander verquirlen. Die Mischung in die Pfanne geben und 5–10 Minuten braten, bis die Unterseite gestockt ist. Den Rand ab und zu anheben, um noch flüssiges Ei unter die Tortilla laufen zu lassen. Tortilla mit Käse bestreuen und auf der obersten Schiene des Backofens überbacken, bis der Käse geschmolzen ist und braun wird (mindestens 3 Minuten). In schmale Tortenstücke geschnitten, warm oder kalt servieren.

Dickflüssiger „Zoque" aus Málaga mit Schinken

- 1 kg Tomaten
- 1–2 Zwiebeln, je nach Größe
- 1 Knoblauchzehe
- 100 g Weißbrot
- 100 ml Olivenöl
- Sherry- oder Weinessig nach Belieben
- 100 g Schinken

1. Tomaten, Zwiebeln und Knoblauch schälen und in Scheiben schneiden. Zusammen mit dem Brot im Mixer pürieren und mit Olivenöl und Essig zur Emulsion rühren (es muss ähnlich wie ein Gazpacho werden, jedoch dickflüssiger). Falls erforderlich nachsalzen. Abkühlen lassen.
2. In tiefem Teller oder Schale mit Schinkenstreifen darauf servieren.

Gemüsegerichte

Dicke Bohnen mit Schinken und Chorizo

– für 6–8 Personen –

- 50 g Serrano-Schinken (oder anderer luftgetrockneter Schinken), in dünne Streifen geschnitten
- 125 g Chorizo, ohne Pelle, gewürfelt
- 4 EL Olivenöl
- 1 Zwiebel, fein gehackt
- 2 Knoblauchzehen, fein gehackt
- 1 Schuss trockener Weißwein
- 450 g dicke Bohnen (entspricht etwa 1¼ kg frischen Bohnenschoten); bei frischen Bohnen – wenn möglich – die etwas trübe Haut entfernen; TK-Ware aufgetaut; Bohnen im Glas abgießen
- 1 EL frisch gehackter Dill oder frisch gehackte Minze (plus etwas mehr zum Garnieren)
- 1 Prise Zucker
- Salz
- schwarzer Pfeffer

1. Öl in einer Bratpfanne erhitzen. Darin die Zwiebel 5 Min. lang weich dünsten, Knoblauch hinzugeben und 30 Sek. anschwitzen.

2. Wein hinzu gießen, die Hitze erhöhen und den Alkohol verdampfen lassen. Die Hitze reduzieren und Bohnen, Schinken und Chorizo hinzu geben und 1–2 Min. unter ständigem Rühren erhitzen.
3. Abgedeckt bei schwacher Hitze unter gelegentlichem Rühren 10–15 Min. garen. Das Gericht dabei gut im Auge behalten und, falls es zu trocken wird, einen Schuss Wein oder Wasser zugeben. Wenn die Bohnen weich sind, Dill und Zucker untermischen, mit Salz und Pfeffer abschmecken. In eine Schüssel oder mehrere Portionsschüsselchen umfüllen und mit Dill oder Minze garniert servieren.

Gefüllte Champignons

- 12 mittelgroße Champignons
- Zitronensaft
- 4 Knoblauchzehen
- 40 g Butter
- 1 EL Cognac
- 4 EL Paniermehl
- 4 EL gehackte glatte Petersilie
- Salz und schwarzer Pfeffer

1. Den Backofen auf 200°C vorheizen. Die Champignons putzen, sauber bürsten, die Stiele abdrehen und klein hacken. Die Champignons mit etwas Zitronensaft beträufeln, damit sie nicht braun werden.
2. Den Knoblauch schälen und klein hacken. 30 g Butter in einer Pfanne erhitzen und den Knoblauch darin andünsten. Gehackte Pilzstiele hinzufügen und unter Rühren 5 Min. mitbraten.
3. Die Pfanne vom Herd nehmen und den Cognac, das Paniermehl und die gehackte Petersilie darunter mischen. Alles mit Salz und Pfeffer abschmecken.
4. Die Champignonsköpfe in eine ofenfeste Schale geben. Die Champignonköpfe mit dem Pilzhack aus der Pfanne füllen. Restliche Butter in Flöckchen darauf verteilen.
5. Die Champignons im Backofen etwa 12 Min. goldbraun backen.

Gefüllte Champignons mit Chorizo

- 16–20 möglichst große Champignons
- 1 kleine Zwiebel
- 2 EL Olivenöl
- 300 g Chorizo
- 1 Knoblauchzehe
- 1 Bund glatte Petersilie
- 1 TL mildes Paprikapulver
- Salz und schwarzer Pfeffer

1. Den Backofen auf 220°C vorheizen.
2. Die Champignons putzen, sauber bürsten, die Stiele abdrehen und klein hacken.
3. Die Zwiebel schälen und fein hacken. 1 EL Olivenöl in einer Pfanne erhitzen und die Zwiebel darin andünsten, dann die gehackten Pilzstiele dazugeben und dünsten, bis fast alle Flüssigkeit verdampft ist.
4. Chorizo pellen, zerkleinern und in die Pfanne geben (oder mit der Hand direkt aus der Pelle in die Pfanne drücken). Knoblauch schälen, hacken und hinzufügen. Alles zusammen etwa 8 Min. bei schwacher Hitze braten.
5. Inzwischen Petersilie waschen, trocken schütteln, abzupfen und fein hacken. Die Wurstfüllung mit Salz, Pfeffer und Paprika würzen, abkühlen lassen und die Petersilie untermischen.
6. Die Pilzköpfe mit der Masse füllen.
7. Mit dem restlichen Olivenöl eine Auflaufform einfetten und die gefüllten Pilzköpfe nebeneinander hineinsetzen. Auf der mittleren Schiene im Backofen etwa 10–12 Min. garen.

Patatas Bravas – Wilde Kartoffeln

- 800 g festkochende Kartoffeln, in 3–4 cm große Stücke geschnitten
- 4 EL Olivenöl

Tomatensauce:

- 1 EL Olivenöl
- 1 kleine Zwiebel, fein gehackt
- 1 Knoblauchzehe, fein gehackt
- ½ TL gemahlener Kreuzkümmel
- ½ TL Chilipulver
- 1 Spritzer Tabasco (oder anstelle des Chilipulvers und des Tabascos eine zerriebene Chili-Schote)
- 1 TL mildes Paprikapulver
- 4 EL trockener Weißwein
- 3 reife Tomaten, entkernt und gewürfelt
- 1 EL Tomatenmark
- 1 EL gehackte glatte Petersilie

1. Den Backofen auf 220°C (Gas Stufe 4) vorheizen.
2. Die Kartoffelstücke auf einem Backblech (ich habe es vorher mit Backpapier ausgelegt) verteilen und mit Öl begießen. Mit etwas Salz bestreuen und durch leichtes Schütteln rundum einölen. 40 Min. auf der oberen Schiene hellbraun backen, dabei einmal wenden.
3. Für die Tomatensauce Öl in einem Topf erhitzen und die Zwiebel darin bei mittlerer Hitze 3 Min. lang dünsten, dabei gelegentlich umrühren. Knoblauch, Kreuzkümmel, Chilipulver (oder die Chili-Schote) und Paprika dazu fügen und 1 Min. mitdünsten.
4. Hitze erhöhen und den Wein zugeben. 30 Sek. lang köcheln lassen, dann die Hitze wieder reduzieren und Tomaten und Tomatenmark zugeben. 10 Min. zu einer dickflüssigen Sauce einkochen, dabei gelegentlich umrühren.
5. Sauce in der Küchenmaschine oder mit dem Mixer pürieren. In den Topf zurückgeben, dabei Petersilie und Salz, sowie ggf. den Tabasco unterrühren.
6. Sauce über die Kartoffeln gießen oder als eine Art Dip dazu reichen.

Kichererbsen mit Chorizo

- 165 g getrocknete Kichererbsen

- 1 Lorbeerblatt
- 4 Gewürznelken
- 1 Zimtstange
- 1 l Hühner- oder Gemüsebrühe
- 2 EL Olivenöl
- 1 Zwiebel, fein gehackt
- 1 Knoblauchzehe, fein gehackt
- 1 Msp getrockneter Thymian
- 375 g Chorizo, gewürfelt
- 1 EL gehackte glatte Petersilie
- Salz
- schwarzer Pfeffer

1. Kichererbsen über Nacht in reichlich Wasser einweichen.
2. Gut abtropfen und anschließend zusammen mit Lorbeerblatt, Nelken, Zimtstange, Brühe und 1¼ l Wasser in einen großen Topf geben. Zum Kochen bringen und bei großer Hitze 1 Std. lang kochen, bis die Erbsen weich sind. Sollten sie länger brauchen, noch etwas Wasser zugeben; es sollte zum Schluss nur wenig Flüssigkeit im Topf bleiben. Lorbeerblatt, Nelken und Zimtstange entfernen.
3. Öl in einer großen Pfanne erhitzen, Zwiebel hineingeben und bei mittlerer Hitze 3 Min. lang glasig dünsten. Knoblauch und Thymian zugeben und unter Rühren 1 Min. mitdünsten. Hitze vergrößern, die Chorizo hinzugeben und 3 Min. braten. Hitze wieder senken.
4. Kichererbsen samt Flüssigkeit in die Pfanne geben und bei mittlerer Hitze ganz erhitzen.
5. Vom Herd nehmen und die Petersilie einrühren. Mit Salz und frisch gemahlenem schwarzen Pfeffer abschmecken. Schmeckt sowohl heiß als auch bei Raumtemperatur.

Linsen nach Art von Castelluccio (Linsen mit Bratwurst)

- 300 g grüne und/oder braune Linsen
- Salz
- 80–100 g durchwachsener Bauchspeck

- 2 EL Olivenöl
- 1 EL Butter
- 1 Zwiebel
- 1–2 Stangen Staudensellerie
- 1 Dose (425 ml) Polpa di Pomodori („Pizzatomaten“, „Tomatenstücke in eigenem Saft“)
- ¾ l heiße Gemüsebrühe (ggf. etwas mehr)
- 3–6 (etwa 400–450 g) frische grobe Schweinsbratwürste
- 1–3 Zweige Rosmarin
- Pfeffer

Alternativ kann man statt der „Pizzatomaten“ 150 ml passierte Tomaten und 1 l Brühe verwenden. Bei einer vegetarischen Variante kann man den Speck und die Würste durch in Streifen geschnittene getrocknete Tomaten ersetzen.

1. Die Linsen waschen und sorgfältig abtropfen lassen.
2. Den Bauchspeck in Streifen schneiden und in einem Topf mit 1 EL Olivenöl und der Butter anbraten.
3. Zwiebel und Sellerie fein hacken und zum Speck hinzufügen; kurz andünsten.
4. Die gut abgetropften Linsen mit den Tomaten (samt Saft) und der Gemüsebrühe zugeben. Den Topf zudecken und die Linsen bei geringer Hitze 1 Std. lang garen. Ggf. etwas Gemüsebrühe nachgießen.
5. Die Würste in dicke Scheiben schneiden und mit 1 EL Olivenöl von allen Seiten braun braten. Bei normalen deutschen Bratwürsten beim Braten einen oder zwei Rosmarinzweige hinzufügen. Auch sollte man in diesem Fall einen kleinen Rosmarinzweig zusammen mit der Brühe zu den Linsen hinzugeben und mitkochen lassen. Den holzigen Teil des Zweigs (die Nadeln lösen sich beim Kochen von alleine ab) vor dem Servieren wieder herausnehmen.
6. Kurz vor Ende der Garzeit die Linsen salzen und pfeffern und die gebratenen Wurstscheiben hinzugeben.

Als Beigabe eignet sich Selleriesalat aus den restlichen Selleriestangen.

> Der Geschmack des Gerichts hängt wesentlich davon ab, dass der Speck und die Wurstscheiben beim Braten schön knusprig braun werden.

Linsen mit Salbei

- 300 g grüne und/oder braune Linsen
- 4–5 Salbeiblätter
- 1 kleiner Rosmarinzweig
- einige Sellerieblätter
- 2 Knoblauchzehen, geschält
- 2–4 sonnengetrocknete Tomaten, halbiert
- 1 kleiner Peperoncino
- 3 EL Olivenöl
- Salz und Pfeffer

1. Die Linsen am Vorabend mit etwas Salz in lauwarmen Wasser einweichen.
2. Die Linsen zusammen mit den Kräutern, Sellerieblättern, Knoblauch, Tomaten und Peperoncino in einen Topf mit kaltem Wasser geben, zum Kochen bringen und 20 Min. köcheln lassen, bis sie gar sind.
3. Kräuter und Knoblauchzehen entfernen.
4. Olivenöl zugeben und mit Salz und Pfeffer abschmecken.

Als Beilage ist eigentlich ein sog. *Zampone* vorgesehen, ein Schweinefuß, der mit gehacktem Schweinefleisch und Gewürzen gefüllt ist. Da der aber getrennt gekocht wird, kann man andere Beigaben verwenden, ohne dass sich am Geschmack der Linsen etwas ändert. – Bei einer vegetarischen Variante kann man das Fleisch durch weitere getrocknete Tomaten ersetzen.

Linsen in Rotwein

- 300 g grüne und/oder braune Linsen
- 100 g durchwachsener Speck
- 2 EL Olivenöl
- ½ l Rotwein

- (mind.) ½ l Gemüse- oder Fleischbrühe
- 1 Zwiebel
- 1–2 EL Tomatenmark
- Salz und Pfeffer

1. Die Linsen gründlich waschen.
2. Zwiebel und Speck hacken und im Olivenöl anbraten.
3. Die gut abgetropften Linsen in den selben Topf geben und das mit der Hälfte der Brühe angerührte Tomatenmark hinzugeben. Anschließend den Rotwein zufügen.
4. Gericht aufkochen lassen, Hitze reduzieren, den Topf zudecken und das Gericht auf niedriger Temperatur garen, dabei öfter umrühren. Während der Kochzeit (etwa 1 Std.) sollten die Linsen die gesamte Flüssigkeit aufgenommen haben. Sollte das zu früh geschehen sein, etwas Brühe nachgießen. Das Gericht darf aber weder zu trocken, noch zu „suppig“ werden.
5. Wenn das Gericht gar ist, mit Salz und Pfeffer abschmecken.

Als Beilage ist eigentlich ein sogenannter *Capello del prete* (Priesterhut) vorgesehen, der aus zerkleinertem Schinkenfleisch besteht, das in die Haut der Schweineoberhachse so eingenäht wird, dass diese Spezialität der *Emilia Romagna* die dreieckige Form erhält, die ihr den Namen gab. Man kann hierzulande stattdessen aber z. B. Mettwürste hinzufügen.

Spanischer Linseneintopf

- 500 g grüne und/oder braune Linsen
- 1 Knoblauchknolle
- 1 große Zwiebel
- 1 Lorbeerblatt
- 2 Nelken
- 1 reife Fleischtomate
- 1 grüne Paprikaschote

- 3 EL Olivenöl
- 1 TL mildes Paprikapulver
- 1 Msp gemahlener Chili (oder scharfes Paprikapulver)
- 1 Prise Kreuzkümmel
- ¾ l Gemüsebrühe
- 500 g Chorizos
- 1 Prise Salz
- frisch gemahlener schwarzer Pfeffer
- wahlweise 2 Kartoffeln (mehlig kochend)

1. Die Linsen am Vorabend in reichlich Wasser einweichen.
2. Backofen auf 180° Grad (Gas Stufe 2) vorheizen. Knoblauchknolle darin auf dem Rost etwa 15 Min. rösten, herausnehmen und abkühlen lassen.
3. Zwiebel schälen und mit Lorbeerblatt und Nelken spicken.
4. Tomate überbrühen, häuten, halbieren, entkernen und dabei auch den Stielansatz entfernen. Fruchtfleisch grob hacken.
5. Paprikaschote waschen, putzen und in Streifen schneiden.
6. Öl in einem großen Topf erhitzen. Tomate und Paprika kurz darin andünsten, Paprika- und Chilipulver sowie Kreuzkümmel unterrühren. Linsen und gespickte Zwiebel hinzufügen und mit der Gemüsebrühe aufgießen.
7. Gerösteten Knoblauch schälen, zerdrücken und ebenfalls untermischen. Alles aufkochen und zugedeckt bei schwacher Hitze etwa 45 Min. lang köcheln lassen.
8. Ggf. Kartoffeln schälen, würfeln und etwa 15 Min. vor Ende der Garzeit unter die Linsen mischen.
9. Die Chorizos (falls nur eine, bitte in dicke Scheiben schneiden) etwa 5 Min. vor Garzeitende hinzugeben.
10. Eintopf mit Salz und Pfeffer abschmecken, die gespickte Zwiebel entfernen.

Als Beilage eignet sich ein rustikales Weißbrot.

Möhren und Oliven

- 2 EL Olivenöl
- 500 g Möhren, in Stifte geschnitten
- 1 Knoblauchzehe, fein gehackt
- 1 EL frisch gehackte glatte Petersilie
- 12 grüne Oliven, entkernt und in Scheiben geschnitten
- Salz
- Schwarzer Pfeffer
- 1 EL gehobelte Mandeln, etwas angeröstet

1. Olivenöl in einer Pfanne oder Kasserolle erhitzen, Möhrenstifte hineingeben und abgedeckt bei schwacher Hitze 10 Min. bissfest dünsten. Die Pfanne gelegentlich schwenken.
2. Knoblauch, Petersilie und die Oliven zugeben und verrühren.
3. Mit Salz und schwarzem Pfeffer abschmecken. Möhren bei schwacher Hitze eine Minute in der Pfanne schwenken. Gehobelte Mandeln einrühren und warm servieren.

Möhren mit Salami und Rosinen

- 2 EL Olivenöl
- 10 dünne Scheiben würzige Salami, in Streifen geschnitten
- 15 g Butter
- 500 g Möhren, in Stifte geschnitten
- 4 Frühlingszwiebeln, in Ringe geschnitten
- ½ TL Kreuzkümmel
- ½ TL gemahlener Zimt
- 125 ml (½ Becher) Rosinen
- 4 EL Pinienkerne oder gestiftelte und angeröstete Mandeln

1. Öl in einem Topf erhitzen und die Salami hinzufügen. Bei mittlerer Hitze 2 Min. knusprig braten. Auf Küchenpapier abtropfen lassen. Überschüssiges Fett aus dem Topf nehmen.

2. Butter im Topf erhitzen; Salami, Möhren, Frühlingszwiebeln, Kreuzkümmel und Zimt hinzufügen. Zugedeckt bei schwacher Hitze mindestens vier Minuten lang dünsten, bis die Möhren gerade gar sind.
3. Rosinen hinzugeben und noch drei Min. lang dünsten. Die Pinienkerne bzw. Mandeln hineingeben und alles vorsichtig vermengen.

Bajoques Farcides – Gefüllte Paprika auf spanische Art

- 4 große rote Paprika
- 100 g mageres Fleisch, gewürfelt
- 100 g Hühnerbrustfilet, gewürfelt
- 100 g Serrano-Schinken, gewürfelt oder in Rauten geschnitten
- 2 Knoblauchzehen
- 500 g reife Tomaten (ungeschält!)
- 400 g Reis
- 100 ml Olivenöl
- mildes Paprikapulver
- Safran
- glatte Petersilie, gehackt

1. Öl in eine Pfanne gießen und erhitzen. Mageres Fleisch, Serrano-Schinken und Huhn in kleinen Stücken anbraten.
2. Tomaten raspeln und zugeben; die überschüssige Haut von der Raspel beiseite stellen. Gehackten Knoblauch und Petersilie beifügen, salzen und Safran unterrühren. Sobald alles zur Hälfte eingekocht ist, Reis zugeben, umrühren und beiseite stellen.
3. Paprika anschließend auf der oberen Seite kreisförmig aufschneiden, „Deckel" abheben und beiseite legen. Samenkörner entfernen und mit dem Pfanneninhalt füllen.
4. Den Boden eines tiefen Topfes (ideal wäre ein Tontopf) mit der Tomatenhaut auslegen, Paprika darüberlegen und erneut mit dem zuvor ausgeschnittenen Teil verschließen. Mit angefeuchtetem Backpapier sowie einem Deckel bedecken und im vorgeheizten Backofen etwas über eine Stunde schmoren lassen.

„Pillekoken" aus Pastinaken

„Pillekoken" sind eine alte bergische Spezialität, die meine Mutter noch zubereiten konnte, aber heute (leider) weitgehend vergessen ist, obwohl sie immer wieder in verschiedenen Kochbüchern, die sich auf die bergische Küche spezialisieren, auftaucht. Der Namensbestandteil ***„-koken"*** *bedeutet natürlich „-kuchen", während* ***„Piller"*** *die Bezeichnung für die dreißig bis vierzig Millimeter langen Streifen ist zu denen die Kartoffeln auf der entsprechenden Reibe geraspelt werden. Das Ergebnis ähnelt dem heute viel besser bekannten Schweizer Rösti. Pastinaken sind ein altes Wurzelgemüse, auf das ich zum ersten Mal vor vielen Jahren von der Sendung „Hobbythek" seligen Angedenkens auf WDR 3 aufmerksam gemacht worden bin. Es war schon in der Antike bekannt: Kaiser Tiberius hatte das Gemüse während seiner Feldzüge in Germanien kennen und schätzen gelernt und ließ sich später eine besonders süße Sorte nach Rom kommen. Ob es diese Sorte noch gibt, weiß ich nicht, aber mittlerweile sind Pastinaken in Herbst und Winter sogar in einigen Supermärkten zu bekommen, meist in Wurzelgemüsemischungen zusammen mit roter Bete und Möhren, aber auch einzeln als Bio-Ware. Übrigens sollten sie nicht mit Petersilienwurzeln verwechselt werden, die ähnlich aussehen, aber ganz anders schmecken und eher als Gewürz z.B. für Eintöpfe benutzt werden sollten. Pastinaken hingegen sind ein ganz wunderbarer Ersatz für Kartoffeln mit einem feinen. leicht süßlichen Geschmack. Mir ist daher irgendwann die Idee gekommen, einmal aus ihnen statt aus Kartoffeln „Pillekoken" herzustellen. Und siehe da, das Ergebnis übertraf alle meine Erwartungen.*

– für 2 Personen –

- 500 g Pastinaken
- eine kleine milde Zwiebel
- 1–2 EL Mehl
- 1-2 Eier (je nach Größe)
- Salz und ***weißer*** Pfeffer
- etwas Flüssigkeit (Wasser oder Milch)

1. Die Pastinaken schälen und auf einer entsprechenden Reibe zu „Pillern" raspeln.
2. Ei(er) und Mehl unterrühren.
3. Die Zwiebel reiben und ebenfalls unterziehen.
4. Salz und Pfeffer nach Geschmack hinzugeben. Wenn der Teig noch etwas trocken sein sollte, können Sie 1–2 EL Wasser oder Milch hinzufügen.
5. „Pillekoken" aus Kartoffeln sind in der Regel so groß wie Pfannkuchen, aber etwa doppelt so dick. Die aus Pastinaken können aber weniger groß ausfallen (etwa wie Reibekuchen), ohne dass das den Genuss beeinträchtigt. Teilen Sie die Teigmasse

entsprechend auf und backen Sie die Portionen in einer ***zugedeckten*** Pfanne von beiden Seiten in Öl, bis sie braun sind.

Traditionell wurden früher im Bergischen als Beilage Rübenkraut (Zuckerrübensirup), sowie Schwarzbrot und Butter gereicht. Im Prinzip passen die feineren „Pillekoken“ aus Pastinaken sogar eher noch besser zu einer süßen Beilage (auch wenn sie nicht aus Kaiser Tiberius’ Lieblingssorte sind). Auch hier darf wieder experimentiert werden.

Die herzhaftere Version aus Kartoffeln schmeckt übrigens (heiß oder kalt) hervorragend zu Bier oder einem kräftigen Weißwein.

> Dies ist nur ein Grundrezept, das man beliebig variieren kann, beispielsweise, indem man dem Teig etwas geriebene Muskatnuss hinzufügt, oder zu den Pastinaken auch einige – ebenfalls geraspelte – Möhren hinzugibt. Gehackte glatte Petersilie oder eine gerieben Petersilienwurzel machen das Gericht herzhafter.

Rührei mit Spargel

- 250 g frischer grüner Spargel
- 6 Eier
- 80 ml Sahne
- 1 EL Olivenöl
- Salz
- schwarzer Pfeffer
- 4 Frühlingszwiebel, fein gehackt

1. Die unteren holzigen Enden des Spargels enfernen und die Stangen in etwa 3–4 cm lange Stücke schneiden. Spargel in einem Topf mit leicht gesalzenem, kochendem Wasser geben und 3 Min. blanchieren. Abtropfen lassen und beiseite stellen.
2. Eier, Sahne und etwas Salz und frisch gemahlenen sschwarzen Pfeffer in einer Schüssel verquirlen.
3. Öl in einer Pfanne erhitzen, Frühlingszwiebel hineingeben und bei mittlerer Hitze unter Rühren 2 Min. dünsten. Hitze reduzieren und den Spargel in die Pfanne geben. Ei-Sahne Mischung darüber gießen und unter ständigem Rühren bis zur gewünschten Konsistenz stocken lassen. Heiß servieren.

Spinat mit Rosinen

- 500 g Blattspinat
- 2 EL geröstete Pinienkerne oder Mandelstifte oder -blätter
- 1 EL Olivenöl
- 1 kleiner rote Zwiebel, in Ringen
- 1 Knoblauchzehe, in dünne Scheiben geschnitten
- 2 EL Rosinen
- 1 Msp Zimt
- Salz

1. Strünke vom Spinat entfernen und wegwerfen. Blätter waschen und in Streifen schneiden.
2. Öl in einer Pfanne erhitzen, Zwiebelringe hineingeben und unter gelegentlichem Rühren bei schwacher Hitze 10 Min. glasig dünsten.
3. Bei mittlerer Hitze den Knoblauch hinzugeben und 1 Min. lang mit dünsten.
4. Spinat, Rosinen und Zimt zugeben und abgedeckt 2 Min. lang dünsten, bis der Spinat zusammenfällt. Pinienkerne oder Mandeln einrühren und abschmecken.

Wirsing auf nordspanische Art

- 50 g Butter
- 1 TL Schwarzkümmel
- 225 g Wirsing, in Streifen geschnitten
- 2 Knoblauchzehen, fein gehackt
- 50 g luftgetrockneter Chorizo
- 4 EL trockener Sherry oder Weißwein
- Salz
- Frisch gemahlener schwarzer Pfeffer

1. Butter in einer Bratpfanne zum Schmelzen bringen, darin den Schwarzkümmel 1 Minute anbraten.

2. Wirsing mit Knoblauch und Chorizo dazu geben. Fünf Min. unter ständigem Rühren weich dünsten.
3. Sherry bzw. Wein dazu geben, gut salzen und pfeffern.
4. Wirsing zugedeckt 10–15 Min. schmoren, bis er gar ist. Abschmecken, dann servieren.

Calabacines al horno – Zucchini aus dem Ofen

- 1 große Zwiebel
- 3 Knoblauchzehen
- 5 EL Olivenöl
- 600 g Fleischtomaten
- Salz
- Schwarzer Pfeffer, frisch gemahlen
- 1 TL mildes Paprikapulver
- 1 Zweig Thymian
- 1 kg Zucchini
- Mehl zum Wenden
- Öl für die Form
- 100 g Manchego oder Bergkäse

1. Zwiebel und Knoblauch schälen und fein hacken. In einer Pfanne 2 EL Olivenöl erhitzen. Zwiebel und Knoblauch darin andünsten.
2. Inzwischen Fleischtomaten überbrühen, häuten, quer halbieren, entkernen und den Stielansatz entfernen. Das Fruchtfleisch hacken und zu Zwiebel und Knoblauch geben. Mit Salz, Pfeffer, Paprika und drei Viertel der Thymianblättchen würzen und etwa 5 Min. im offenen Topf bei schwacher Hitze schmoren.
3. Den Backen auf 200° C vorheizen. Dann die Zucchini putzen, waschen und in ½ cm dicke Scheiben schneiden. Mit Salz und Pfeffer würzen und in Mehl wenden. In einer Pfanne 3 EL Olivenöl erhitzen und die Scheiben beidseitig darin goldbraun braten, auf Küchenpapier abtropfen lassen.
4. Eine Auflaufform einölen und die Zucchinischeiben darin verteilen. Mit der Tomatensauce begießen und dem geriebenen Käse bestreuen. Im vorgeheizten Backofen (Mitte) etwa 15 Min. überbacken. Restliche Thymianblättchen darüber streuen.

Zucchiniplätzchen

Dies ist eine exotische Variante der ja nicht nur in meiner Heimat, dem Bergischen Land, so beliebten Reibekuchen. Die Mengenangaben für die Zucchini und die Kartoffeln sind natürlich nur Richtwerte und müssen nicht auf's Gramm genau eingehalten werden.

- 1 kg Zucchini, Blüten- und Stengelansatz, sowie verdächtige Stellen der Schale entfernt, ansonsten aber mit dieser grob geraspelt
- 500 g Kartoffeln, geschält und fein gerieben
- 3 Zwiebeln, geschält und fein gerieben
- 6 Eier
- Salz
- Muskatnuss
- gemahlener Piment
- Öl zum Braten

1. In einer großen Schüssel Kartoffeln, Zucchini und Zwiebeln miteinander vermengen. Die Eier hinein schlagen und unterziehen. Mit den Gewürzen abschmecken.
2. Nun backt man die Kuchen – möglichst in mehreren Pfannen gleichzeitig – im Öl aus. Zum Portionieren benutzt man am besten einen Esslöffel oder eine kleine Schöpfkelle. Die Kuchen sollten etwa die Größe einer (normal großen) Handfläche haben. Da sie beim Backen sehr viel Öl aufsaugen, sollte man sie zunächst einmal auf Küchenpapier abtropfen lassen.

> Zucchiniplätzchen schmecken – wie Reibekuchen – frisch und knusprig am besten. Beim Abkühlen werden sie weich; ich gebe aber zu, dass ich sie auch dann noch ganz gerne esse, vorzugsweise auf Schwarzbrot.
> Wer mag, kann auch noch gehackte glatte Petersilie unter den Teig mischen.

Reisgerichte

Risotto Milanese

Ein echter Klassiker der italienischen Küche. Um seine Entstehung ranken sich viele Geschichten. Die Leute aus den Abruzzen – der Region Italiens, in dem der Safran angebaut wird – erzählen, dass ein Steinmetz aus Navelli 1574 beim Dombau von Mailand ein fades Mailänder Reisgericht (der Reis war übrigens gerade erst von den Spaniern in der Po-Ebene eingeführt worden) mit etwas heimischem Safran verbessert habe – aus Heimweh nach seiner Mama …

- 2–3 Schalotten, fein gehackt
- 6 EL Butter
- 400 g Risotto-Reis
- 1 Glas Rotwein oder trockenen Weißwein
- 1¼ l Hühner- oder Gemüsebrühe
- 1 Döschen (0,2 g) Safran, in etwas Brühe aufgelöst
- 190 g frisch geriebener Parmesan
- Salz
- frisch gemahlener weißer Pfeffer

1. 2 EL Butter in einem Topf erhitzen (mittlere Hitze) und die Schalotten darin andünsten. Den Reis zugeben und unter ständigem Rühren glasig werden lassen. Den Wein angießen und alles unter Rühren garen, bis die Flüssigkeit verdampft ist.
2. Nun nach und nach die heiße Brühe unter ständigem Rühren bei mäßiger Hitze dazugeben. Immer wenn die Flüssigkeit vom Reis fast aufgesogen ist, zugießen. Er ist fertig, wenn er eine leicht suppige Konsistenz bekommt, aber noch einen bissfesten Kern hat. Das dauert etwa 20–25 Min. Bissprobe machen!

3. Die Safranfäden in den Risotto rühren. Zum Schluss die restliche Butter und die Hälfte des Parmesans unterrühren. Mit Salz und Pfeffer abschmecken und den Risotto zugedeckt noch kurze Zeit ziehen lassen.
4. Den Risotto in eine Schüssel umfüllen und mit dem restlichen Parmesan bestreuen.

> Zwar geht natürlich nichts über echten Arborio, Carnaroli oder Vialone, aber notfalls kann man bei diesem und den folgenden Rezepten den Risotto-Reis durch Rundkornreis – in Deutschland in der Regel als Milchreis verkauft – ersetzen, muss ihn aber sorgfältig waschen. Dabei mehrfach das Wasser wechseln!
> Rundkornreis kann man auch anstelle des Paella-Reis (Calaspara, La Bomba) in den spanischen Gerichten verwenden.

Fleischpaella

Ich bin kein Freund von Meeresfrüchten und Wild, so dass ich weder an der berühmt-berüchtigten traditionellen Paella noch an der Paella Valenciana mit Kaninchen so meine ungetrübte Freude habe. Aber natürlich muss bei den Reisgerichten auch unbedingt eine Paella dabei sein. Glücklicherweise gibt's eine, an der selbst ich nichts auszusetzen habe …

- 4 reife Tomaten, geschält, entkernt und fein gehackt
- 1 Döschen (0,2 g) Safran
- Salz
- weißer Pfeffer
- 1 EL Olivenöl
- 600 g Schweinefleisch in Würfeln
- 1 rote Paprikaschote, in Streifen geschnitten
- 250 g frische grüne Bohnen, geputzt (die Enden abgeschnitten)
- 125 g Chorizo, in Scheiben geschnitten
- 1 EL mildes Paprikapulver
- 1 kleine getrocknete Chili-Schote, zerrieben
- 300 g Paella-Reis
- 500 ml Hühner- oder Gemüsebrühe
- 1 EL frischer Rosmarin

1. Den Safran in ein Schüsselchen geben, 1 EL heißes Wasser hinzugeben und 10 Min. stehen lassen.
2. In einer großen Pfanne mit Deckel (idealerweise eine Paella-Pfanne) bei mittlerer Temperatur das Öl erhitzen und das Schweinefleisch darin von allen Seiten goldbraun anbraten. Herausnehmen, salzen und pfeffern und beiseite stellen.
3. Die Paprikaschote und die Bohnen in die Pfanne geben und 2–3 Min. garen, bis das Gemüse gerade weich ist. Die Hitze erhöhen und Chorizo, Paprikapulver und die Chili-Schote zugeben. 30 Sek. unter ständigem Rühren erhitzen, bis die Aromen frei gesetzt werden.
4. Den Reis hinzufügen und rühren, damit er vollständig mit Öl und Gewürzen überzogen wird. Tomaten zugeben und 1 Min. unter ständigem rühren erhitzen, bis die Flüssigkeit brodelt. Das Schweinefleisch mitsamt dem angesammelten Fleischsaft in die Pfanne geben und gut durchrühren.
5. Den Safran mit dem Einweichwasser, die heiße Hühnerbrühe sowie Salz und Pfeffer zufügen. Alles mit Rosmarin bestreuen. Zum Kochen bringen.
6. Auf mittlere Hitze herunterschalten, so dass die Zutaten leise köcheln. Deckel auflegen und alles 20 Min. garen, ohne umzurühren. (Während des Garvorgangs sollte man Paella nicht umrühren, damit sich unten am Pfannenboden eine knusprige Reisschicht bilden kann, die für viele das Beste an der Paella darstellt.) Die Pfanne von Zeit zu Zeit schwenken oder schütteln, damit die Zutaten gleichmäßig garen. Der Reis soll nicht weich, sondern noch bissfest sein.
7. Vom Herd nehmen und vor dem Servieren noch 5 Min. ruhen lassen. Paella kann direkt aus der Pfanne serviert werden.

> Ein Teil des Schweinefleischs kann durch Lammkoteletts ersetzt werden, die man mit Salz und schwarzem Pfeffer würzt und separat brät. Nach dem Angießen der Brühe auf den Reis legen und dann erst alles mit Rosmarin bestreuen.

Apfelrisotto

- 2 rote Zwiebeln
- 1 Knoblauchzehe
- etwas Olivenöl

- 300 g Risotto-Reis
- 2 TL Currypulver
- 2 Messerspitzen Ingwerpulver
- 1 TL Rosmarin
- 750 ml Gemüsebrühe
- einige Safranfäden in der Brühe eingeweicht
- 500 g säuerliche Äpfel
- 2 EL Zitronen- oder Limettensaft
- 75 ml Weißwein
- Salz
- Pfeffer

1. Zwiebeln und Knoblauchzehe fein schneiden und in einem Topf mit Olivenöl andünsten. Reis dazugeben und kurz mitdünsten. Curry, Ingwer und Rosmarin hinzufügen und nach und nach die Brühe mit den Safranfäden angießen. Den Reis garen lassen.
2. In der Zwischenzeit die Äpfel in kleine Scheiben schneiden und mit dem Zitronen- oder Limettensaft beträufeln. Die Apfelscheiben 10 Min. vor Ende der Garzeit unter den Reis mischen und das Gericht fertig garen. Anschließend Wein und 1 EL Olivenöl unterheben, mit Salz und Pfeffer abschmecken.

Mandelreis

- 200 g asiatischer Reis
- 500 ml kaltes Wasser
- 6 Tropfen Bittermandel-Essenz
- ½ TL Salz, nach Belieben
- 30 g geschälte Mandeln, fein gehackt
- 10 g Mandelblättchen

1. Reis mit Wasser, Mandelessenz, evtl. Salz gut mischen, zum Kochen bringen, zugedeckt auf der ausgeschalteten Kochplatte 15 Min. quellen lassen (Deckel ***nie*** abheben).

2. Während des Reiskochens in einer kleinen Bratpfanne die gehackten Mandeln, danach die Mandelblättchen goldbraun rösten.
3. Die gehackten Mandeln mit einer Gabel unter den fertigen Reis mischen, in Schälchen oder auf Tellern anrichten, mit den Mandelblättchen bestreuen.

Mandelreis auf bequeme Tour

- 200 g Rundkornreis
- ca. 500 ml Hühner- oder Gemüsebrühe
- 50 g Mandeln (in Stifte gehackt)
- 2 EL Butter

1. In einem Topf 1 EL Butter erhitzen, Reis darin anrösten, mit der Brühe auffüllen und ca. 15 Min. dünsten lassen.
2. In einer Pfanne 1 EL Butter erhitzen, Mandeln darin anrösten. Geröstete Mandeln unter den Reis mengen.

Champignonrisotto

- 1½ l Hühner- oder Gemüsebrühe
- 2 EL Olivenöl
- 100 g kalte Butter, gewürfelt
- 1 Zwiebel, fein gehackt
- 650 g kleine weiße oder braune Champignons ohne Stiele, in Scheiben geschnitten
- 3 Knoblauchzehen, fein gehackt
- 80 ml trockener weißer Wermuth
- 450 g Risotto-Reis
- 150 g frisch geriebener Parmesan

1. Die Brühe in einem Topf erhitzen und zugedeckt köcheln lassen.
2. Die Hälfte des Öls und 20 g Butter bei mittlerer Temperatur erhitzen. Die gehackte Zwiebel zugeben und 10 Min. dünsten.

3. Das restliche Öl und 40 g Butter in einem anderen Topf erhitzen. Champignons und Knoblauch zufügen und etwa 10 Min. garen, bis die Pilze ihren Saft abgegeben haben. Durch ein Sieb in eine Schüssel abschütten, den Saft vorsichtig aus den Pilzen drücken. Die Flüssigkeit mit Salz und Pfeffer abschmecken, die Pilze beiseite stellen.
4. Die Pilzflüssigkeit zurück in die Pfanne geben, den Wermuth zufügen und 2 Min. kochen lassen, bis die Flüssigkeit auf 1 EL reduziert ist.
5. Den Reis zu der Zwiebel geben und rühren, bis er vollständig von Fett überzogen ist.
6. Die Pilzflüssigkeit und eine Schöpfkelle (125 ml) Brühe zufügen. Unter Rühren garen, bis der Reis fast die gesamte Flüssigkeit aufgenommen hat. Kellenweise weitere Brühe hinzugießen und den Reis 20–25 Min. unter Rühren garen.
7. Vom Herd nehmen und Champignons, Parmesan und verbliebene Butter unterrühren. Noch einmal mit Salz und Pfeffer abschmecken.

Safran-Reis

- 650 ml Geflügel- oder Gemüsebrühe
- 150 ml trockener Weißwein
- 300 g Paella-Reis (ggf. Risotto- oder Rundkornreis)
- 1 Döschen (0,2 g) Safran
- 2 EL Olivenöl
- 1 Zwiebel, gehackt
- 2 Knoblauchzehen, fein gehackt
- 1 TL milder Paprika

1. Die Brühe zusammen mit dem Wein erhitzen. Eine Tasse davon abnehmen und den Safran darin einweichen.
2. Den Reis in einem Sieb waschen und abtropfen lassen. In einem Topf die Zwiebel im Öl andünsten und den Knoblauch hinzugeben, wenn sie weich werden. Den Reis hinzugeben und einige Min. unter Rühren erhitzen. Den Paprika darüber streuen. Die Safranflüssigkeit und etwa ein Drittel der Mischung aus Brühe und Wein dazugießen und alles zum Kochen bringen. Wenn die Flüssigkeit fast vollständig aufgenommen worden ist, das nächste Drittel hinzugeben und alles bei sehr niedriger Temperatur insgesamt etwa 20 Min. köcheln lassen. Nach und nach den Rest der Flüssigkeit hinzufügen, möglichst nicht mehr umrühren, höchstens den Topf schütteln.

3. Wenn der Reis gar ist, Herd ausschalten, Deckel auflegen und noch einmal zehn Min. stehen lassen.

> Wenn man Zwiebeln, Knoblauch und Paprika weglässt, kann man auf diese Art und Weise auch einen ganz brauchbaren **Safran-Mandelreis** zubereiten. Man sollte in diesem Fall aber die mildere Geflügelbrühe verwenden. Drei bis fünf EL gehackte oder gehobelte Mandeln (ggf. mit einem Stich Butter) in einer kleinen Pfanne anrösten und unter den Reis rühren, wenn dieser gar ist. Dann wie zuvor Deckel auflegen und noch einmal zehn Min. stehen lassen.

Reis mit Chorizo und Erbsen

- 1¼ l Hühner- und Gemüsefond
- 2 EL Olivenöl
- 2 EL Butter
- 1 Zwiebel, fein gehackt
- 250 g große Champignons, in Scheiben geschnitten
- 150 g Chorizo, in kleine Würfel geschnitten
- 450 g Paella-Reis (notfalls tut's auch gut gewaschener Milchreis!)
- 150 g TK-Erbsen, aufgetaut
- Salz und schwarzer Pfeffer
- 30 g frisch geriebener Manchego oder Hartkäse

1. Den Fond in einem Topf erhitzen und zugedeckt köcheln lassen.
2. Öl und Butter erhitzen. Zwiebeln und Pilze etwa 5 Min. darin dünsten, bis die Flüssigkeit verkocht ist.
3. Chorizo zugeben und alles noch etwa 3 Min. garen.
4. Reis hinzufügen und etwa 1 Min. rühren, bis er ganz von Fett überzogen ist.
5. Eine Schöpfkelle (125 ml) heißen Fond angießen und die Masse bei mittlerer Temperatur unter ständigem Rühren erhitzen, bis die Flüssigkeit vom Reis aufgenommen ist.

6. Kellenweise weiteren Fond hinzufügen. Und den Reis unter ständigen Rühren 20–25 Min. garen, bis er den gesamten Fond aufgenommen hat.
7. Erbsen unterrühren und mit Salz und Pfeffer würzen.
8. Den Käse getrennt reichen.

Pilaw mit Chorizo

- 30 g Butter
- 1 große Zwiebel, in Ringe geschnitten
- 2 Knoblauchzehen, fein gehackt
- 300 g Chorizo, in Scheiben geschnitten
- 400 g Langkornreis
- 1 Lorbeerblatt
- 1 l Hühner- oder Gemüsebrühe
- 150 g Erbsen (TK-Ware, aufgetaut)
- 80 g getrocknete Paprika in Öl, abgetropft und in feine Streifen geschnitten

  (Getrocknete Paprika ist hierzulande schwierig zu bekommen. Ersatzweise kann man die etwa doppelte Menge eingelegten Röstpaprika, ebenfalls in Streifen geschnitten, verwenden.)
- 4 Frühlingszwiebeln, in Ringe geschnitten

1. Die Butter bei mittlerer Hitze zerlassen. Zwiebel und Knoblauch hinzufügen und etwa 5 Min. unter Rühren dünsten. Die Chorizo zugeben und 2 Min. unter Rühren erhitzen. Den Reis und das Lorbeerblatt zufügen und rühren, bis der Reis vollständig von Fett überzogen ist.
2. Die Brühe angießen und alles zum Kochen bringen. Kochen lassen, bis sich kleine Tunnel im Reis bilden. Kurz durchrühren, den Deckel auflegen und auf niedrige Hitze herunter schalten. Den Reis 20 Min. dünsten. Erbsen und Paprikastreifen auf den Reis streuen. Deckel wieder auflegen, den Topf vom Herd nehmen und 10 Min. stehen lassen. Die Frühlingszwiebeln darüber streuen und den Reis mit einer Gabel auflockern. Mit gehobeltem Käse servieren.

Risi e Bisi

- 1 l Rinderbrühe
- 90 g kalte Butter, in Stücke geschnitten
- 1 Zwiebel, fein gehackt
- 2 Knoblauchzehen, fein gehackt
- 1 Stange Staudensellerie, fein gehackt
- 2 Scheiben Parma-Schinken (oder anderer luftgetrockneter Schinken), in Rauten geschnitten
- 500 g Erbsen (TK-Ware)
- 125 ml Weißwein
- 440 g Risotto-Reis
- 2 TL frische Minze, gehackt
- 30 g fein gehackte glatte Petersilie
- 35 g geriebener Parmesan

1. Die Brühe in einem Topf erhitzen und zugedeckt köcheln lassen.
2. In einem großen Topf 30 g Butter zerlassen, Zwiebel, Knoblauch, Sellerie und Schinken hinzufügen und alles unter Rühren 5 Min. garen, bis das Gemüse weich ist. Die Hitze reduzieren, Erbsen und Wein hinzugeben und alles weitere 5 Min. erhitzen, bis der Wein verkocht ist. Den Reis zu den Erbsen und Zwiebeln in den Topf geben und so lange rühren, bis er ganz von Fett überzogen ist.
3. Bei mittlerer Hitze eine Schöpfkelle (125 ml) heiße Brühe angießen und rühren, bis der Reis sie fast vollständig aufgenommen hat. Kellenweise weitere Brühe zugeben und alles unter ständigem Rühren 20–25 Min. garen, bis der Reis weich und cremig ist.
4. Vom Herd nehmen. Kräuter, Parmesan und verbliebene Butter unterrühren.

Zitronen-Thymian-Reis

- 1500 ml Hühner- oder Gemüsebrühe
- 2 EL Olivenöl
- 75 g Butter

- 1 Zwiebel, fein gehackt
- 2 Knoblauchzehen, fein gehackt
- 450 g Risotto-Reis
- 3 EL frisch gehackter Thymian
- 1 EL abgeriebene Zitronenschale
- 150 g frisch geriebener Parmesankäse

1. Die Brühe erhitzen und zugedeckt leise köcheln lassen.
2. Das Öl und die Hälfte der Butter bei mittlerer Temperatur erhitzen. Zwiebeln und Knoblauch zufügen und fünf Min. dünsten. Reis und Thymian hinzugeben und rühren, bis der Reis gut vom Fett überzogen ist.
3. Eine Schöpfkelle (125 ml) heißen Fond angießen und den Reis unter Rühren bei mittlerer Hitze garen, bis er die Flüssigkeit aufgenommen hat. Kellenweise weitere Flüssigkeit hinzugeben und den Reis 20–25 Min. garen, bis er die gesamte Flüssigkeit aufgenommen hat.
4. Vom Herd nehmen. Zitronenschale, Parmesan und die restliche Butter unterrühren.

Tomatenrisotto

- 500 g reife Tomaten (im Idealfall Eiertomaten), entkernt und klein gehackt
- 1 kleine Zwiebel, fein gehackt
- 500 ml Gemüsebrühe
- 500 ml Wasser
- 3 Stängel glatte Petersilie
- 1 Lorbeerblatt
- nach Geschmack bis zu 1 TL (brauner) Zucker
- 250 ml Weißwein
- 1 EL Tomatenmark
- 60 ml Olivenöl
- 1 große Porreestange, die hellen Teile der Länge nach halbiert und in Streifen („Lauchstroh“) geschnitten
- 1 Knoblauchzehe, fein gehackt

- 350 g Risotto-Reis
- 80 g getrocknete Tomaten, gehackt
- 125 g roter Pesto
- gehobelter Parmesan zum Servieren
- Salz
- schwarzer Pfeffer

1. Frische Tomaten, Zwiebel, Brühe, Petersilie, Lorbeerblatt und Wasser in einen großen Topf geben und zum Kochen bringen. Den Deckel auflegen und 15 Min. köcheln lassen. Anschließend durch ein Sieb geben. Den Fond mit Salz und Pfeffer abschmecken und nach Geschmack etwas Zucker hinzugeben.
2. Wein und Tomatenmark zum Tomatenfond hinzugeben und zugedeckt köcheln lassen.
3. Die Hälfte des Öls bei mittlerer Temperatur erhitzen. Den Lauch und den Knoblauch dazufügen und etwa 5 Min. dünsten lassen, bis sie weich sind. Den Reis zugeben und rühren, bis er gut von Fett überzogen ist.
4. Eine Schöpfkelle (125 ml) heißen Tomatenfond angießen und den Reis bei mittlerer Hitze garen, bis er die Flüssigkeit aufgenommen hat. Weiteren Fond zugeben und den Reis 20 Min. lang garen.
5. Vom Herd nehmen und die getrockneten Tomaten und das restliche Öl unterrühren. Noch einmal mit Salz und Pfeffer abschmecken. Mit Pesto und Parmesan anrichten.

Reisgefüllte Paprika mit Käse nach mexikanischer Art

- 3 kleine rote Paprikaschoten (oder zwei große)
- 3 kleine grüne Paprikaschoten (oder zwei große)
- 1 EL Olivenöl
- 1 kleine Zwiebel, geschnitten
- ¼ TL Chili-Pulver
- ½ TL Kreuzkümmel, gemahlen
- 2 EL Tomatenmark
- 125 g Reis

- 500 ml Hühner- oder Gemüsebrühe
- 310 g Maiskörner aus der Dose, abgetropft und -gespült
- 2 Jalapeños oder frische Chili-Schoten, entkernt und klein geschnitten
- 75 g geriebener Käse

1. Backofen auf 180°C vorheizen.
2. Paprika an der Stielseite durchschneiden und den „Deckel“ beiseite legen. Vorsichtig Mittelteil und Samen entfernen, ohne die Hülle zu beschädigen.
3. Öl in einer mittelgroßen Pfanne erhitzen. Zwiebel, Chili-Pulver; Kümmel, Tomatenmark und Reis hineinrühren, Brühe hinzufügen.
4. Zum Kochen bringen, einmal umrühren. Hitze reduzieren, zugedeckt köcheln lassen, bis fast die gesamte Flüssigkeit aufgesogen ist.
5. Von der Kochplatte nehmen. Mais, Chilies und zwei Drittel des Käses unterrühren.
6. Jede Paprika mit der Reismischung füllen. Mit dem restlichen Käse bestreuen und die Deckel wieder aufsetzen. Paprika auf ein Blech setzen und 15 Min. im Ofen backen, bis die Paprika etwas weicher geworden ist.

Risotto mit Reis, Lauch und rotem Paprika

- 1½ l Hühner- oder Gemüsebrühe
- 50 g Butter
- 2 Porreestange, die hellen Teile in Ringe geschnitten
- 3 Knoblauchzehen, fein gehackt
- 450 g Risotto-Reis
- 1 kleine Dose Maiskörner, abgegossen
- 1 rote Paprikaschote, in Streifen geschnitten
- 80 g saure Sahne
- 35 g geriebener Parmesan
- 3 EL gehackte frische Korianderblätter (oder glatte Petersilie)
- Salz
- schwarzer Pfeffer

1. Die Brühe in einem großen Topf erhitzen und zugedeckt leise köcheln lassen.
2. In einem großen Topf die Butter bei mittlerer Hitze zerlassen. Lauch und Knoblauch dazugeben und 4–5 Min. dünsten, bis sie weich sind. Reis hinzufügen und solange rühren, bis er vollständig von Fett überzogen ist.
3. Eine Schöpfkelle (125 ml) heiße Brühe zum Reis geben und unter ständigem Rühren so lange garen, bis er die Flüssigkeit fast vollständig aufgenommen hat. Eine weitere Kelle Brühe sowie den Paprika zugeben. Dann weitere Flüssigkeit angießen und den Reis 15 Min. garen. Die Maiskörner hinzufügen und alles 5 Min. weitergaren lassen.
4. Vom Herd nehmen. Saure Sahne, Parmesan und Koriander unterrühren und mit Salz und Pfeffer abschmecken. Sofort servieren und zusätzlichen Parmesankäse dazu reichen.

Reis nach Art von Valencia

- 250 g Paella-Reis
- 1 EL Olivenöl
- 15 g Butter
- 1 mittelgroße Zwiebel
- 2 TL fein geriebene Orangenschale (oder fertig mit etwas Zucker gemischte Orangenschale, wie sie normalerweise zum Backen – vor allem in der Weihnachtszeit – verwendet wird)
- 125 ml Orangensaft
- 125 ml süßer Sherry
- 375 ml Hühner- oder Gemüsebrühe

1. Den Reis in kaltem Wasser 10 Min. quellen, abtropfen lassen, unter dem Wasserhahn abspülen und wieder abtropfen lassen.
2. Öl und Butter in einem Topf bei schwacher Hitze erhitzen. Zwiebel hinzufügen und glasig braten, den Reis hinzufügen, Hitze zurücknehmen. Reis 2 Min. rühren, bis er leicht golden ist.
3. Orangenschale, Orangensaft, Sherry und Brühe hinzufügen, zugedeckt aufkochen lassen, einmal umrühren, Hitze zurücknehmen, zugedeckt 8–10 Min. dünsten, bis die Flüssigkeit aufgenommen ist.
4. Vom Feuer nehmen und zugedeckt 5 Min. ziehen lassen, bis die Flüssigkeit vollständig aufgesogen ist.

Zitronenreis mit Erbsen und Minze

- 1½ l Hühner- oder Gemüsebrühe
- 4–5 frische Minzezweige
- 2 EL kalt gepresstes Olivenöl
- 6 EL Butter
- 2–3 große Schalotten, fein gehackt
- 300 g Risotto-Reis
- abgeriebene Schale und Saft von einer Zitrone
- 180 g Erbsen (entweder frisch gepult oder als TK-Ware), kurz blanchiert
- 60 g frisch geriebener Parmesan
- Salz und (weißer) Pfeffer
- Zitronenspalten zum Garnieren.

1. Die Brühe in einem großen Topf aufkochen.
2. Die Minzeblätter von den Stielen zupfen. Die Minzestiele mehrfach knicken und zur Brühe geben. Die Hitze reduzieren und die Brühe auf dem Siedepunkt halten.
3. Das Öl und die Hälfte der Butter in einem großen Topf bei mittlerer Hitze erwärmen. Die Schalotten zugeben und 2 Min. weich dünsten. Den Reis hinzugeben und zwei Min. unter häufigem Rühren glasig dünsten.
4. Eine Kelle (ca. 225 ml) der köchelnden Brühe ohne die Minzestiele zugießen und ständig rühren, bis der Reis sie aufgenommen hat.
5. Weiterhin jeweils eine halbe Kelle voll Brühe hinzugeben und vom Reis aufsaugen lassen. Erst dann wieder eine halbe Kelle Brühe hinzugeben. ***Den Reis niemals trocken kochen!*** Dieser Vorgang dauert insgesamt 20–25 Minuten. Der Risotto soll eine sahnige Konsistenz haben, die Reiskörner sollen zart, aber noch bissfest sein.
6. Zitronenschale und -saft, sowie die Erbsen hinzugeben. Gut durchwärmen lassen. Falls der Risotto zu trocken zu werden droht, noch etwas Brühe oder Wasser hinzugeben. Den Topf vom Herd nehmen und Parmesan sowie restliche Butter einrühren. Mit Salz und Pfeffer abschmecken.
7. Minzeblätter einrühren, alles mit Zitronenspalten garnieren und servieren.

Hühnerpilaw mit Zitrone

- 2 EL Olivenöl
- 5 Frühlingszwiebeln, in Ringe geschnitten
- 400 g Hähnchenbrustfilets, in Streifen geschnitten
- 2 TL Kreuzkümmelsamen (d. h. ungemahlener Kreuzkümmel)
- 1 TL gemahlener Koriander
- 500 g Langkornreis
- 1 l Hühner- oder Gemüsebrühe
- 60 ml Zitronensaft
- 1 EL Zitronenzesten (fein geschnittene Zitronenschale)
- 1 Zimtstange
- 2 TL frische Thymianblättchen (größere gehackt)

1. Das Öl bei mittlerer Temperatur erhitzen. Die Zwiebeln hinzufügen und 2–3 Min. dünsten, bis sie weich sind. Das Hähnchenfleisch portionsweise zugeben, von allen Seiten goldbraun anbraten und herausnehmen.
2. Kreuzkümmel, Koriander und Reis zufügen und alles noch 2 Min. garen. Das Fleisch zurück in den Topf geben.
3. Brühe, Zitronensaft und -schale sowie die Zimtstange zufügen und zum Kochen bringen. Auf sehr niedrige Hitze herunter schalten und einen dicht schließenden Deckel auflegen. Den Reis 15–20 Min. garen, bis er genügend Flüssigkeit aufgenommen hat. Die Zimtstange entfernen und den Thymian unterrühren.

Risotto-Küchlein

- 1¼ l Hühner- oder Gemüsebrühe
- 1 EL Olivenöl
- 1 kleine Zwiebel, fein gehackt
- 350 g Risotto-Reis
- 60 g geriebener Emmentaler
- 60 g geriebener Parmesan
- 2 EL fein gehackte glatte Petersilie

- 3 Frühlingszwiebeln, fein gehackt
- Mehl
- 60 ml Olivenöl

1. Die Brühe erhitzen und zugedeckt leise köcheln lassen.
2. Den Backofen auf 180°C (Gas Stufe 2–3) vorheizen.
3. Das Öl in einem großen Topf bei mittlerer Temperatur erhitzen. Die Zwiebel etwa 3 Min. darin dünsten. Den Reis zugeben und so lange rühren, bis er vollständig von Fett überzogen ist.
4. Eine Schöpfkelle (125 ml) heiße Brühe angießen und den Reis unter ständigem Rühren so lange garen, bis er sie fast vollständig aufgesogen hat. Weiteren Fond zugießen und den Reis unter Rühren etwa 20 Min. garen.
5. Vom Herd nehmen und Käse, Petersilie und Frühlingszwiebeln unterrühren. Kalt stellen.
6. Den kalten Risotto zu 12 Küchlein formen und dies in Mehl wenden. Das Olivenöl erhitzen. Die Küchlein bei mittlerer Hitze 3 Min. auf jeder Seite goldbraun braten. Auf Küchenkrepp abtropfen lassen.

   Zu diesen Küchlein passen gebratener Schinkenspeck und die italienische Version der Ofentomaten (S. 15).

Risotto aus dem Ofen

- ½ l Hühner- oder Gemüsebrühe
- 4 EL Olivenöl
- 1 große Zwiebel, fein gehackt
- 400 g vorzugsweise braune Champignons, in dicke Scheiben geschnitten
- 2 Knoblauchzehen, zerdrückt oder in dünne Scheiben geschnitten
- 125 g Pancetta (oder Schinkenwürfel, vorzugsweise luftgetrocknete)
- 350 g Risotto-Reis
- 2 EL frisch gehackter Estragon (oder frisch gehackte Petersilie)
- 80 g frisch geriebener Parmesan (plus weiterer zum Bestreuen)

1. Den Backofen auf 180°C vorheizen.
2. Die Brühe in einem Topf erhitzen und zugedeckt köcheln lassen.
3. 2 EL Öl bei starker Hitze erhitzen. Die Pilze hinzufügen und unter Rühren 2–3 Min. goldbraun und leicht knusprig braten, aus der Pfanne nehmen, in eine Schale oder einen tiefen Teller geben und beiseite stellen.
4. Die Pancetta in die Pfanne geben und etwa 2 Min. unter häufigem Rühren knusprig braun braten. Zu den Pilzen legen.
5. Das restliche Öl in einem Topf bei mittlerer Hitze erwärmen. Die Zwiebel hinzugeben und zwei Min. dünsten, bis sie weich wird. Knoblauch und Reis zu der Zwiebel geben und zwei Min. unter ständigem rühren glasig dünsten.
6. Langsam die Brühe in den Reis rühren, dann die Pilze und die Pancetta zufügen. Mit Estragon bzw. Petersilie, Salz und Pfeffer würzen und kurz aufkochen.
7. Reis vom Herd nehmen und in eine ofenfeste Form geben. Die Oberfläche glatt streichen.
8. Die Form abdecken und etwa 20 Min. backen, bis der Reis fast gar ist und die meiste Flüssigkeit aufgenommen hat. Den Deckel abnehmen und den Parmesan einrühren. Weitere 15 Min. backen, bis der Reis gar, aber noch bissfest ist. Sofort servieren. Parmesan zum Bestreuen getrennt dazu reichen.

Arancini

Der Reismantel:

- 500 g Rundkornreis
- ½ Döschen (0,1 g) Safran
- 2 × 2 Eier, verschlagen
- 100 g geriebener Pecorino
- Mehl
- 100 g Paniermehl
- Öl (zum Frittieren)

Die Füllung:

- 1 kleine Zwiebel, fein gehackt
- 1 EL Olivenöl
- 150 gem. Hackfleisch oder reines Rinderhack

- 170 ml trockener Weißwein
- 1 EL Tomatenmark
- 2 TL frische Thymianblättchen

1. In einem großen Topf 1 l Wasser zum Kochen bringen. Die Safranfäden und den Reis zufügen. Langsam aufkochen, dann die Hitze so weit herunterschalten, dass die Flüssigkeit nur noch leise köchelt. Deckel auflegen und den Reis bei schwacher Hitze etwa 20 Min. lang garen, bis er weich ist. Dann in eine Schüssel umfüllen und auf Raumtemperatur abkühlen lassen.
2. 2 Eier und den Käase unterrühren.
3. Für die Füllung in einem Topf das Öl bei mittlerer Temperatur erhitzen, die Zwiebel zugeben und 2 Min. dünsten. Hackfleisch hinzufügen und unter gelegentlichem Rühren anbraten, bis es Farbe angenommen hat. Tomatenmark mit dem Wein verrühren und zum Hackfleisch geben. Die Hitze reduzieren und noch einige Min. köcheln lassen, bis die Flüssigkeit verdampft ist. Thymian unterrühren und abkühlen lassen.
4. Aus der Reismischung 12 Klöße formen. Die Klöße etwas flach drücken, in der Mitte eine Vertiefung formen und jeweils 2 gehäufte TL der Hackfleischmasse hineingeben. Die Füllung mit dem Reis umschließen.
5. Die Klöße dann im Mehl wenden, durch die anderen beiden verquirlten Eier ziehen und panieren. Anschließend etwa 30 Min. lang in den Kühlschrank stellen.
6. Eine Friteuse mit ausreichend Öl auf 180°C erhitzen. Die Arancini in vier Partien 2–3 Min. lang fritieren, bis sie goldbraun sind. Auf Küchenkrepp abtropfen lassen.

Reis mit Huhn auf baskische Art

- 800 g Hähnchenbrustfilets
- 2 EL Mehl zum Bestäuben
- Salz und Pfeffer
- 1 TL mildes Paprikapulver
- 2–3 EL Olivenöl
- 1 große Gemüsezwiebel in Ringe geschnitten
- je eine rote und gelbe Paprika, entkernt und längs in Streifen geschnitten
- 2 Knoblauchzehen

- 150 g würzige Chorizo, ohne Haut, in 1 cm dicke Stücke geschnitten
- 1 EL Tomatenmark
- 200 g weißer Reis
- 450 ml Hühner- oder Gemüsebrühe
- 1 TL zerdrückte getrocknete Chili-Schoten
- ½ TL getrockneter Thymian
- 125 g luftgetrockneter Schinken, gewürfelt
- 12 eingelegte schwarze Oliven
- 2 EL frisch gehackte glatte Petersilie

1. Die Filets säubern. Mehl, Paprikapulver, Salz und Pfeffer in einen Beutel geben und vermischen, die Hähnchenfilets hinzugeben. Den Beutel verschließen und kräftig schütteln.
2. Zwei Esslöffel Öl in einem großen Schmortopf bei mittlerer Hitze erwärmen. Das Fleisch hinzugeben und rundum goldbraun anbraten. Auf einen Teller legen.
3. Das restliche Öl bei mittlerer Hitze erwärmen, Zwiebel und Paprika hinzugeben, bis sie weich und bräunlich werden. Knoblauch, Chorizo und Tomatenmark hinzugeben und 3 Min. unter Rühren dünsten. Den Reis hinzufügen und 2 Min. glasig dünsten.
4. Brühe, Chillies, Thymian, Salz und Pfeffer einrühren und zum Kochen bringen. Das Fleisch wieder in den Schmortopf legen. Den Deckel auflegen und bei sehr geringer Hitze etwa 45 Min. köcheln, bis Fleisch und Reis gar sind.
5. Schinken, Oliven und die Hälfte der Petersilie in das Gericht rühren. Den Deckel wieder auflegen und 5 Min. durchwärmen. Mit der restlichen Petersilie bestreuen und servieren.

Nudelgerichte

Spaghetti aglio, olio e peperoncino

Eines meiner Lieblingsrezepte. Es scheint so einfach zu sein, aber man kann doch eine Menge falsch machen. Diese Version dieses Klassikers stammt von einem hierzulande bekannten italienischen Koch, dessen Trick, der „Sauce" ein wenig von dem Nudelkochwasser zuzufügen, ich hier ausdrücklich empfehle. Eine römisches Hausrezept gegen drohende Erkältungen lautet übrigens: »Spaghetti aglio, olio e peperoncino, un fiasco di vino ed una coperta viva«. Ob das wirklich gegen eine Erkältung hilft, weiß ich nicht, aber mit ziemlicher Sicherheit macht sie einem dann mehr Spaß. Hier sind jedenfalls schon einmal die Spaghetti …

- 500 g Spaghetti
- 2 Knoblauchzehen, in dünne Scheiben geschnitten
- Olivenöl
- frische, gehackte glatte Petersilie,
- 3 scharfe, getrocknete Chili-Schoten (Peperoncini), gehackt oder zerrieben
- Salz
- schwarzer Pfeffer aus der Mühle

1. Spaghetti in reichlich Salzwasser *al dente* kochen.
2. Knoblauch und Chili-Schoten mit einem kräftigen Schuss Olivenöl scharf anbraten. Sobald der Knoblauch etwas Farbe bekommen hat (Vorsicht! Er darf auf keinen Fall braun werden, sonst schmeckt das Gericht scheußlich!), die gehackte Petersilie dazugeben. Mit einer kleinen Kelle Kochwasser ablöschen und mit frisch gemahlenem schwarzen Pfeffer würzen.
3. Die Spaghetti abtropfen und sofort mit der Soße vermengen. Falls nötig, mit Salz abschmecken und gleich servieren.

Rosso Calabrese – Scharfe kalabresische Spaghettisauce

- 400 g Spaghetti
- 1 Knoblauchzehe, fein gehackt
- 30 g fein gehackte glatte Petersilie
- 1–3 scharfe Chili-Schoten (Peperoni), frisch oder getrocknet, zerrieben bzw. entkernt und in Rauten geschnitten
- 1 Dose Thunfisch ***in Öl***
- 5–7 reife Tomaten, geschält, entkernt und gewürfelt
- 30 g Kapern, fein gehackt
- schwarzer Pfeffer

1. 2 EL des Öls aus der Thunfischdose in eine Pfanne geben (den Rest abgießen) und darin die Kapern und den Knoblauch anschwenken. Den zerpflückten Thunfisch, Chili-Schoten und Petersilie dazu geben, ebenfalls kurz schwenken, dann die Tomatenwürfel hinzufügen und mit Salz und Pfeffer abschmecken. 12–15 Min. köcheln lassen.
2. In der Zwischenzeit die Spaghetti *al dente* kochen, abgießen, mit der Sauce vermengen, noch etwas mehr gehackte Petersilie darüber geben und sofort servieren.

> Neuerdings erspare ich mir das Schälen, Entkernen und Würfeln der Tomaten und verwende stattdessen 250–375 g reife Dattel-Cherrytomaten, die ich je nach Größe in drei bis fünf Scheiben schneide.

Fadennudeln nach Art von Lleida

- 4 kleine Schweineschnitzel
- 2 EL Olivenöl
- 2 Zwiebeln, fein gehackt
- 3 Knoblauchzehen, fein gehackt
- 200 g Bratwurstbrät (ideal wäre Butifarra-Wurst)

- 3 reife Fleischtomaten, geschält und in Würfel geschnitten
- ¼ l Fleisch- oder Gemüsebrühe
- Salz und Pfeffer
- 1 TL mildes Paprikapulver
- 250 g *fideos* oder andere feine Fadennudeln

1. Schnitzel in einer tiefen Pfanne im Öl auf beiden Seiten anbraten.
2. Schnitzel aus der Pfanne nehmen, die Zwiebel und den Knoblauch im Bratfett glasig dünsten. Dann das Bratwurstbrät untermischen und anbraten. Tomaten hinzugeben und kurz mitschmoren. Brühe angießen und die Sauce etwas einkochen. Mit Salz, Pfeffer und Paprika würzen.
3. Die Nudeln in die Pfanne geben und alles gut vermischen, dann die Schnitzel wieder einlegen. So viel kochendes Wasser hinzugießen, dass alle Zutaten gut bedeckt sind. Nudeln bissfest garen, alles noch einmal mit Salz und Pfeffer abschmecken.

Sauce aus schwarzen Oliven nach Zigeunerart

- 600 g Maniche, Rigatoni, Penne rigate oder ähnliche große geriefelte Röhrennudeln
- geriebener Parmesan zum Bestreuen
- 6 reife Tomaten, geschält, entkernt und in Stücke geschnitten (wahrscheinlich tut's auch eine Dose (425 ml) Polpa di Pomodori („Pizzatomaten", „Tomatenstücke in eigenem Saft"), habe ich aber noch nicht ausprobiert.)
- 3 EL Olivenöl
- 1 Chili-Schote, zerrieben
- 10 schwarze Oliven, entkernt und in Scheiben geschnitten
- 1–2 Knoblauchzehen, fein gehackt
- etwa 1 TL getrockneter Oregano
- Salz

1. Chili und Knoblauch in Öl andünsten, Tomaten und Oliven dazu geben und mit Salz und Oregano abschmecken. Langsam einkochen lassen.
2. In der Zwischenzeit die Nudeln *al dente* kochen, abgießen und mit der Sauce vermischen. Dazu getrennt den geriebenen Parmesan reichen.

Griechische Tomatensauce mit Knoblauch und Zimt

Eigentlich passen Spaghetti ja nicht zu solchen Fleischsaucen; aber ich muss gestehen, dass ich bislang keine Nudelsorte gefunden habe, die besser mit dieser Sauce harmoniert.

- 500 g Rinderhack
- 3 EL Olivenöl
- 2 Zwiebeln, fein gehackt
- 2–3 Knoblauchzehen, fein gehackt
- 4–6 Tomaten, geschält und zerkleinert
- 2 EL Tomatenmark, mit einer Tasse Wasse verdünnt
  (So das Originalrezept. Heutzutage würde man Tomaten und Tomatenmark wohl durch 1 Dose (425 ml) Polpa di Pomodori („Pizzatomaten“, „Tomatenstücke in eigenem Saft“) oder durch eine Packung passierte Tomaten ersetzen. B. L.)
- Salz
- Pfeffer
- ½ TL Zimt
- 1–2 Lorbeerblätter

1. Das Fleisch ohne Zugabe von Fett 3 Min. lang anbraten, dabei häufig rühren oder die Pfanne schütteln.
2. Das Öl dazu geben und erhitzen.
3. Zwiebel, Knoblauch, Tomaten (oder die Polpa bzw. den Passato) zugeben und 10 Min. schmoren lassen.
4. Tomatenmark, Salz, Pfeffer, Zimt und Lorbeerblätter zufügen, gut umrühren und aufkochen lassen. Bei geringer Hitze 30 Min. köcheln lassen.

Teigklöße

Irgendein Zweiglein des mütterlichen Teils meines Stammbaums ist vor Urzeiten aus Ungarn zugewandert. Dieses ursprünglich ungarische Rezept habe ich meine Mutter unzählige Male zubereiten sehen, die es wiederum von ihrem Vater gelernt hatte. Die Teigklöße können entweder frisch gekocht als Beilage z. B. zu Gulasch, Rinderragout oder dgl. dienen (dann sollten sie etwas kleiner ausfallen) oder in Stücke geschnitten und in der Pfanne goldbraun gebraten mit einem grünen Salat als einfaches, aber schmackhaftes Hauptgericht gegessen werden.

- 2 Eier
- 150 ml lauwarmes Wasser
- mind. 250 g Mehl (s. u.)
- Salz

1. In einer Rührschüssel die Eier verquirlen, leicht salzen und das lauwarme Wasser dazu gießen. Nach und nach so viel Mehl dazu unterrühren, dass ein flüssiger und nicht zu fester Teig entsteht. Abdecken und mind. 10 Min. ruhen lassen.
2. In der Zwischenzeit in einem großen Topf Salzwasser zum Sieden bringen.
3. Teig noch einmal gut durchrühren. Mit zwei Metalllöffeln Klöße (je nach der erwünschten Größe der Klöße Tee- oder Esslöffel benutzen) aus dem Teig abstecken und in das heiße Wasser geben. Ein Tipp: die Löffel zwischendurch immer mal wieder in einer Schale mit kaltem Wasser etwas von anhaftendem Teig reinigen.
4. Nach und nach den gesamten Teig zu Klößen verarbeiten. Gare Klöße schwimmen an der Oberfläche des Salzwassers und können dann mit einem Schaumlöffel abgeschöpft und in eine Schüssel gegeben werden.

Bernies Pilzsauce

- 1 EL Olivenöl
- 150–200 g gekochter Schinken in Rauten oder Würfeln
- 1 Bund Lauchzwiebeln, fein gehackt
- 1 Knoblauchzehe, fein gehackt
- 250 g Champignons, in Scheiben (oder 1 kleine Dose Champignons)
- 125 ml trockener Weißwein (sollte auch eine gewisse Säure haben)
- 1 Becher Schmand
- Salz
- weißer Pfeffer

1. Schinken im Öl anbraten, Lauchzwiebeln und Knoblauch hinzu fügen und unter Rühren weich werden lassen.
2. Champignons dazu geben und garen. Bei frischen Champignons solange braten, bis das austretende Wasser größtenteils verdampft ist.

3. Mit dem Weißwein ablöschen. Den Alkohol verdampfen lassen, dann den Schmand unterrühren und die Sauce mit Salz und Pfeffer abschmecken.

> Dazu passen kurze Makkaroni (Canolicchi), aber auch gebratene Teigklöße nach dem Rezept zuvor. Verwendet man Nudeln, sollte man getrennt dazu geriebenen Parmesankäse reichen.

Nudeln alla Norma

- 3–4 ***kleine*** Auberginen
- 4–5 EL Olivenöl
- 2 Knoblauchzehen, in hauchdünne Scheiben geschnitten
- 500 ml passierte Tomaten („Passato di Pomodori“)
- frischer Basilikum
- Salz
- schwarzer Pfeffer
- 400 g Rigatoni, Tagliatelle oder Spaghetti
- 4 EL geriebener Pecorino

1. Die Auberginen waschen, der Länge nach in etwa fingerdicke Scheiben schneiden, salzen und die austretende Flüssigkeit etwa 30 Min. lang abtropfen lassen. Mit fließendem Wasser abspülen und mit Küchenpapier trocken tupfen.
2. Olivenöl in einer Pfanne erhitzen und die Auberginen darin braten. Knoblauch, Tomaten und einige zerzupfte Basilikumblätter zu den Auberginen geben. Mit Salz und Pfeffer abschmecken und 10–15 Min. schmoren lassen.
3. Die Nudeln in reichlich Salzwasser *al dente* kochen, abgießen, mit der Sauce begießen und mit Pecorino bestreuen.

Nudeln mit Fleischbällchen

Sugo:

- 3 EL Olivenöl

- 2 große Zwiebeln in Ringen
- 2 Stangen Staudensellerie, in dünne Scheiben geschnitten
- 2 Knoblauchzehen, fein gehackt
- 1 Dose (425 ml) Polpa di Pomodori („Pizzatomaten“, „Tomatenstücke in eigenem Saft“)
- 125 g sonnengetrocknete Tomaten aus dem Öl, abgetropft und zerkleinert
- 2 EL Tomatenmark
- 1 EL (brauner) Zucker
- 150 ml trockener Weißwein
- Salat
- Pfeffer

1. Öl in einer Pfanne erhitzen und darin Zwiebeln und Sellerie glasig dünsten.
2. Knoblauch hinzufügen und weiter dünsten.
3. Nach 1 Min. Tomaten, Tomatenmark, Zucker und Wein zugeben und alles abschmecken.
4. Zum Kochen bringen und 10 Min. köcheln lassen.

Nudeln und Fleischbällchen:

- 500 g Tagliatelle (oder - die amerikanische Version – Spaghetti)
- 500 g mageres Rinderhack
- 2 Scheiben Weißbrot, entrindet und in Würfel geschnitten, in etwas Milch eingeweicht
- 1 Knoblauchzehe, fein gehackt
- 4 EL fein gehackte glatte Petersilie
- 1 TL getrockneter Oregano
- 1 große Prise geriebene Muskatnuss
- ¼–½ TL gemahlener Piment
- 60 g geriebener Parmesan (oder 100 g geriebener Emmentaler)
- 4 EL Olivenöl
- Salz

1. Hackfleisch in einer Schüssel zu einem weichen Teig verarbeiten. Das Weißbrot mitsamt der Flüssigkeit, den Knoblauch, die Hälfte der Petersilie, den Oregano und die Gewürze untermischen. Mit dem Käse und ggf. weiterer Milch elastisch rühren. Mit Salz und ggf. weiterem Piment abschmecken.
2. Löffelweise den Teig mit den Händen zu Bällchen formen (die Hände zwischendurch immer wieder abspülen).
3. Öl in einer Pfanne erhitzen und die Bällchen darin von allen Seiten braun braten.
4. Tomatensauce über die Fleischbällchen geben. Hitze reduzieren, die Pfanne zudecken und alles 30 Min. köcheln lassen. Ein- oder zweimal umrühren. Sollte die Sauce zu dick werden, noch etwas Weißwein oder Wasser hinzugeben,
5. In der Zwischenzeit die Nudeln in ausreichend Salzwasser *al dente* kochen und abtropfen lassen. In eine Schüssel geben, die Sauce mit den Fleischbällchen darüber verteilen und das Gericht mit der anderen Hälfte der Petersilie bestreuen.

Für eine bequeme, aber immer noch ganz leckere Version kann die Tomatensauce aus dem Rezept durch 2 Gläser fertige Tomatensauce (Napolitana) ersetzt werden. In diesem Fall die Sauce in einem Topf erhitzen und dann die braun gebratenen Fleischbällchen hinzu geben. Wenn's ganz schnell gehen soll, kann man diese übrigens schon am Tag zuvor zubereiten.

Spaghetti del Fattore

- 500 g Spaghetti
- 90 g Butter
- 1 Knoblauchzehe, der Länge nach halbiert oder geviertelt
- 500 g kleine Pilze, in Scheiben geschnitten
- 200 ml passierte Tomaten („Passato di Pomodori“)
- 1 Dose Thunfisch in Öl, abgetropft und zerpflückt
- Salz
- schwarzer Pfeffer
- gehackte glatte Petersilie

1. Spaghetti in reichlich Salzwasser *al dente* kochen, abtropfen lassen und in eine Schüssel geben.
2. Butter in einem Topf erhitzen. Knoblauch darin hellgelb dünsten (etwa 2 Min.) und wegwerfen. Pilze hinein geben und unter Rühren weich werden lassen.
3. Tomaten, Thunfisch und mit Salz und Pfeffer abschmecken. Etwa 10 Min. unter Rühren köcheln lassen. Über die Nudeln geben und mit Petersilie bestreuen.

Nudelsauce mit Blauschimmelkäse und Hähnchenfleisch

- 4 Hähnchenbrustfilets, in breite Streifen geschnitten
- 50 g Butter
- 185 ml (¾ Becher) Sahne
- 125 ml Hühner- oder Gemüsebrühe
- 100 g Blauschimmelkäse, zerkleinert
- Salz
- weißer Pfeffer
- 2 EL fein gehackte glatte Petersilie
- (500 g Nudeln wie Muschelnudeln oder Orechiette)

1. In einer Pfanne die Butter zerlassen und darin das Hähnchenfleisch von allen Seiten braun anbraten. Herausnehmen und beiseite stellen.
2. Sahne, Brühe und Blauschimmelkäse in die Pfanne geben und unter Rühren erhitzen, bis der Käse geschmolzen ist.
3. Das Fleisch wieder in die Pfanne geben und untermischen. Alles zum Kochen bringen, dann die Temperatur verringern und die Sauce unter gelegentlichem Rühren 7–10 Min. köcheln lassen. Mit Salz und Pfeffer abschmecken und die Petersilie unterrühren.

Spaghetti mit Erbsen

- 4 ganze Knoblauchzehen
- 2 EL Olivenöl

- 100 g Pancetta, gewürfelt (Pancetta ist natürlich durch nichts zu ersetzen, versuchen Sie es aber trotzdem einmal mit luftgetrocknetem Schinkenspeck, vor allem, wenn Sie ihn am Stück bekommen)
- 200 g Erbsen (TK-Ware)
- 1–2 getrocknete Chili-Schoten, zerrieben
- 6–8 EL fein gehackte Minze
- 6–8 EL geriebener Pecorino
- 500 g Spaghetti

1. Die Spaghetti in reichlich Salzwasser *al dente* kochen und abtropfen.
2. In der Zwischenzeit im Öl die Knoblauchzehen bei mittlerer Hitze anbraten (aber nicht braun werden lassen), herausnehmen und wegwerfen.
3. Die Pancetta hinzufügen, einige Minuten braten lassen und die Erbsen dazu geben (Vorsicht! Kann spritzen!).
4. Chili-Schote(n) hinzufügen und alles vorsichtig weiterdünsten, bis die Nudeln fertig sind.
5. Sind die Nudeln gar und die Pancetta knusprig, alles zusammen mit der Minze vermengen und mit dem geriebenen Käse bestreuen.

Bavette alla carretiera

- 500 g Bavette (eine Art besonders dünner Bandnudeln)
- 60 g durchwachsener Speck, in dünnen Streifen (das Originalrezept schreibt Schweinebacke vor)
- 2 Knoblauchzehen, fein gehackt
- 250 g frische Steinpilze, in dünnen Scheiben
- 4 EL Olivenöl
- Salz
- schwarzer Pfeffer
- etwa 3 EL Fleischbrühe
- 80 g Thunfisch in Öl, zerpflückt
- 50 g Pecorino (oder Parmesan)

1. Die Bavette in reichlich Salzwasser *al dente* kochen.
2. Knoblauch und Speck im Olivenöl anbraten, bis der Speck glasig wird. Die Pilze zugeben, mit Salz und Pfeffer abschmecken und etwa 10 Min. bei niedriger Hitze dünsten. Einige Löffel Fleischbrühe hinzugießen und den Thunfisch untermischen.
3. Wenn die Nudeln fertig sind, diese abgießen, abtropfen lasen und in einer Servierschüssel mit der Sauce vermischen. Den geriebenen Käase darüber streuen.

Cavatieddi – Nudeln mit Schweinefleischsauce

- 1 Bund Suppengrün (Porree, 1 Stückchen Sellerieknolle, Möhren), klein gehackt
- Olivenöl
- 300 g Schweinefleisch in Würfeln
- ½ Glas Rotwein
- 5 Tomaten, entkernt und gehackt
- Salz
- schwarzer Pfeffer
- 500 g Gnocchetti (das sind die Nudeln, die hierzulande oft fälschlich als „Gnocchi“ verkauft werden; sie haben aber nichts mit echten Gnocchi zu tun; zur Not tun’s auch mittelgroße Muschelnudeln)
- 100 g, durchgesiebt

1. Suppengrün in Olivenöl andünsten.
2. Fleisch zufügen und rundum anbraten.
3. Rotwein angießen und Tomaten zufügen. Schweineragout zugedeckt weich kochen, mit Salz und Pfeffer abschmecken.
4. Gnocchetti in reichlich Salzwasser *al dente* kochen und abgießen. Nudeln und Ricotta mischen und mit dem Ragout servieren.

Spaghetti all’amatriciana

- 500 g Spaghetti
- 1 EL Olivenöl

- 125 g durchwachsener Speck (oder eigentlich Schweinebacke), gewürfelt
- 1 getrocknete ganze Chili-Schote
- ½ Zwiebel, gewürfelt
- 450 g Tomaten, geschält und gewürfelt [Eilige können stattdessen 1 Dose (425 ml) Polpa di Pomodori („Pizzatomaten“, „Tomatenstücke in eigenem Saft“) verwenden]
- Salz
- geriebener Pecorino (oder Parmesan)

1. Die Nudeln in reichlich Salzwasser *al dente* kochen.
2. In einer Pfanne das Öl erhitzen und den Speck darin scharf anbraten. Die Würfel aus der Pfanne nehmen, auf Küchenpapier abtropfen lassen und warm stellen.
3. Die Zwiebel und die Chili-Schote zu dem Fett in der Pfanne geben. Wenn die Zwiebel gelb wird, die Tomaten hinzufügen. Mit Salz abschmecken und weitere 10 Min. dünsten lassen. Dann die Speckwürfel wieder in die Pfanne geben und umrühren.
4. Chili-Schote aus der Sauce nehmen, die Nudeln in eine Schüssel geben, die Sauce darauf verteilen und alles mit dem Käse bestreuen.

Nudelsauce mit Pilzen und Hähnchenfleisch

- etwa 600 g Hähnchenbrustfilets, in Streifen geschnitten (Hühnergeschnetzeltes tut es auch)
- 10 g getrocknete Pilze (ideal sind Steinpilze)
- 2–3 EL Olivenöl
- 2 Knoblauchzehen, fein gehackt oder in das Gericht gepresst
- 200 g kleine Champignons, in Scheiben geschnitten
- 125 g luftgetrockneter Schinken, in kleine Stücke geschnitten
- 60 ml Weinbrand
- 250 ml Sahne
- 150 g Erbsen (TK-Ware)
- 2 EL gehackte glatte Petersilie
- (500 g Bandnudeln)

1. Die getrockneten Pilze in einen Topf geben und mit so viel kochendem Wasser übergießen, dass sie damit bedeckt sind. 10 Min. stehen lassen (je nach Pilzart kann diese Zeit variieren; dies sollte aber auf der Packung vermerkt sein), dann abgießen, ausdrücken und hacken.
2. In einer Pfanne 2 EL Olivenöl erhitzen und darin das Hähnchenfleisch von allen Seiten braten. Es sollte dabei aber nicht sehr braun werden. Fleisch herausnehmen und beiseite stellen.
3. Ggf. noch einen EL Öl in die Pfanne geben und erhitzen. Den Knoblauch hineingeben und 1 Min. bei niedriger Temperatur unter Rühren andünsten. Die getrockneten Pilze, die Champignons und den Schinken hinzugeben und unter häufigem Rühren 5 Min. anbraten.
4. Weinbrand und Sahne zur Pilzmischung geben. 2 Min. unter ständigem Rühren köcheln lassen. Das Hähnchenfleisch, die Erbsen und die Petersilie zugeben. Weitere 4–5 Min. unter ständigem Rühren köcheln lassen, bis alles gut erhitzt ist. Zur Sauce kann man frisch geriebenen Parmesan reichen.

Spaghetti alla putanesca

- 500 g Spaghetti
- 6 Sardellenfilets aus dem Salz, gewässert und klein gehackt
- 2 Knoblauchzehen, zerdrückt, aber noch an einem Stück
- 3–4 EL Olivenöl
- 30 g Butter
- 150 g schwarze Oliven, entkernt
- 1–1½ EL Kapern, am besten aus dem Salz
- 6 reife Tomaten, geschält, entkernt und gewürfelt [Eilige können stattdessen 1 Dose (425 ml) Polpa di Pomodori („Pizzatomaten“, „Tomatenstücke in eigenem Saft“) verwenden]
- Salz
- 1½ EL gehackte glatte Petersilie

1. Butter und Öl in einer Pfanne bei niedriger Temperatur erhitzen und die Sardellen und den Knoblauch darin anschwitzen, bis letzterer gelb wird. Die beiden Zehen herausnehmen.

2. Tomaten mit den Oliven und Kapern zu den Tomaten geben. Salzen und bei niedriger Hitze 20 Min. köcheln lassen.
3. Derweil die Spaghetti in reichlich Salzwasser *al dente* kochen, abschütten, abtropfen lassen und in eine Schüssel geben. Die Sauce darüber verteilen und alles mit der Petersilie bestreuen.

Spaghetti mit Thunfisch auf sizilianische Art

- 2 große rote Zwiebeln, fein gehackt
- Olivenöl
- 2 Knoblauchzehen, fein gehackt
- 1–2 Chili-Schoten, zerrieben
- 2 EL Marsala (oder süßer Sherry)
- 800 ml Tomatensauce. Dies entspricht 2 Gläsern fertiger Sauce (Napoletana). Wer seine Sauce selbst machen möchte, findet ein Rezept auf S. 90.
- 1 Bund frische Minze, fein gehackt
- Salz
- schwarzer Pfeffer
- 100 g Erbsen (TK-Ware)
- 4 Thunfischsteaks (hierzulande verwendet man am einfachsten TK-Ware; frischen Thunfisch erst einmal 10 Min. in kaltem Wasser einweichen, abtropfen lassen und trocken tupfen)
- etwas Mehl
- 500 g Spaghetti

1. In einem Topf die Zwiebeln in etwas Öl glasig dünsten und Knoblauch und Chili-Schote hinzufügen.
2. Sobald der Knoblauch zu riechen ist, mit Marsala ablöschen und aufkochen lassen. Tomatensauce dazugeben und den überwiegenden Teil der Minze. Abschmecken und 10 Min. schmoren lassen.
3. Die Erbsen hinzugeben und bei geringer Hitze 5 Min. mitkochen.
4. In einer Pfanne etwas Olivenöl erhitzen. Den Thunfisch leich salzen und in Mehl wenden; überschüsiges Mehl abklopfen. Bei mittlerer bis großer Hitze auf jeder Seite 1–2 Min. anbraten.

5. Die Thunfischsteaks aus der Pfanne nehmen und in den Topf mit der Tomatensauce geben. Die Steaks sollten ganz mit Sauce bedeckt sein. Zugedeckt bei geringer Hitze 10 Min. köcheln lassen.
6. Spaghetti *al dente kochen* und abtropfen lassen. In einer Schüssel mit der Sauce vermischen, die Thunfischsteaks darauf legen und alles mit der restlichen Minze bestreuen.

Spaghetti carbonara

*Noch ein Klassiker aus Rom und noch eines meiner Lieblingsgerichte. Die folgende Version stammt von einem meiner Lieblings-Fernsehköche, der gebürtiger Römer ist. Als guter Carbonara-Koch erwies sich aber auch der Sohn einer italienischen Bekannten, der in Rom studiert hatte. – Um es allen noch einmal hinter die Ohren zu schreiben: es handelt sich **nicht** um eine Sahnesauce!*

- 500 g Spaghetti,
- 100 g Pancetta, gewürfelt
- 100 g Pecorino, gerieben
- 150 ml Weißwein
- 1 große oder 2 kleine Zwiebeln, fein gehackt
- 4 Eier
- evtl. reichlich gemahlener, schwarzer Pfeffer

1. Die Eier aufschlagen und mit Pecorino und Pfeffer vermischen.
2. Die Spaghetti in reichlich Salzwasser *al dente* kochen.
3. In einer Pfanne Pancetta und Zwiebel(n) mit Olivenöl anbraten. Mit Wein ablöschen und vom Herd nehmen.
4. Wenn die Pasta *al dente* ist, abgießen und in die Pfanne zur Pancetta geben und unterheben. Jetzt die Ei-Käse-Mischung darüber geben und alles miteinander vermengen.
5. Evtl. nach Geschmack gemahlenen schwarzen Pfeffer über das Gericht geben, bis es richtig „russig“ aussieht.

> **Wichtig:** Die Pfanne darf nicht zu heiß sein, sonst stockt das Ei und es gibt Spaghetti mit Rührei.

Spaghetti all'alloro – Spaghetti mit Lorbeer

Dieses Rezept besticht nicht nur durch seinen klangvollen italienischen Namen. Versuchen Sie möglichst, frische Lorbeerblätter aufzutreiben. Frische Tomaten können Sie durch geschälte Tomaten aus der Dose ersetzen (hierzulande ohnehin zu empfehlen); Sie sollten aber darauf achten, dass sie eine gewisse Säure besitzen. Notfalls können Sie die Zwiebel mit einem Schuss trockenem, etwas säuerlichem Weißwein ablöschen, diesen etwas einkochen lassen und dann erst die Tomaten hinzufügen. In harten Fällen kann man dem Gericht zum Abschluss einen TL milden Weißweinessig beigeben. ***Achtung:*** *Zimt ist als Gewürz nicht so ganz ohne, man kann leicht damit überwürzen; deshalb seien Sie anfangs lieber sparsam damit.*

- 500 g Spaghetti
- 2 Zwiebeln, fein gehackt
- 480 g Tomaten, geschält
- 15–20 (frische) Lorbeerblätter
- 2 EL Butter
- 2 EL Olivenöl
- Salz
- eine kleine getrocknete ganze Chili-Schote ***oder*** schwarzer Pfeffer
- Zimt (etwa eine Löffelspitze, siehe aber die Einleitung)

1. Butter und Öl in einem Topf erhitzen und die Zwiebeln darin goldgelb rösten.
2. Die in Stücke geteilten Tomaten und die Chili-Schote hinzugeben. Mit Salz und Zimt (und – falls kein Chili verwendet wird – schwarzem Pfeffer) abschmecken.
3. Auf kleiner (!) Flamme mindestens 1 Stunde schmoren lassen. Derweil die Spaghetti kochen.
4. Zusammen mit den Spaghetti servieren. Getrocknete Lorbeerblätter sollten zuvor herausgenommen werden.

> Dem Gericht schadet es nicht, wenn es eine Nacht im Kühlschrank verbringt.

Nudelsalat mit Würstchen

- 300 g Fusili, Gemelli oder ähnliche Nudeln
- 1 Glas (oder eine kleine Dose) Spargelabschnitte
- 2–3 Frankfurter, Wiener oder andere Knackwürstchen
- 1 kleine Dose Mais
- 1 kleine Dose Erbsen und Möhren (letztere müssen gewürfelt werden)
- Salz
- schwarzer Pfeffer
- (mind.) 6 EL Estragonessig
- 1 TL frischer (gehackter) oder getrockneter Estragon
- 125 ml Salatcreme

1. Die Würstchen erhitzen und in etwa 1 cm dicke Scheiben schneiden.
2. Mais, sowie Erbsen und Möhren abgießen, Möhren würfeln.
3. Die Nudeln *al dente* kochen, abgießen und in eine Schüssel geben. Die Spargelabschnitte mitsamt der Flüssigkeit, die Würstchen und das Gemüse hinzu fügen. Gut vermischen und abdecken.
4. In einer Rührschüssel oder dgl. die Salatcreme mit dem Essig und dem Estragon verquirlen. Mit Salz und Pfeffer abschmecken und über die Nudeln geben. Alles gut vermischen.
5. Abgedeckt mind. zwei Stunden im Kühlschrank ziehen lassen. Vor dem Servieren noch einmal abschmecken. Meistens muss noch etwas Essig nachgegeben werden.

Hauptgerichte mit Geflügel

Pollo campurriano – Hähnchen mit Reis und Paprikaschoten

- 4 Hähnchenbrustfilets
- 6 EL Olivenöl
- Salz
- Frisch gemahlener schwarzer Pfeffer
- 3 TL milder Paprika
- 2 TL Mehl
- 150 g durchwachsener Speck oder gewürfelter Schinken
- 1 rote Paprikaschote, Samen entfernt, gehackt
- 1 grüne Paprikaschote, Samen entfernt, gehackt
- 8 große Frühlingszwiebeln oder Perlzwiebeln (letztere vor dem Schälen 5 Min. blanchieren). Bei Verwendung von Frühlingszwiebeln die verwertbaren grünen Teile separat hacken.
- 1 Lorbeerblatt
- 500 ml Hühnerbrühe
- 1 Gemüsezwiebel oder 2 rote Zwiebeln, jeweils gehackt
- 3 Knoblauchzehen, gehackt
- 200 g Paella- (oder Risotto-) Reis, gewaschen
- 250 ml trockener Weißwein

1. In einer Bratpfanne 4 EL Öl erhitzen. Die Hähnchenfilets salzen und pfeffern und mit Paprika einreiben, dann mit Mehl bestäuben. Bei mittelstarker Hitze 5 Min. auf jeder Seite goldbraun anbraten. Nach dem Wenden Speck bzw. Schinken, Paprikaschoten und die weißen Teile der Frühlingszwiebeln dazugeben.
2. Angebratenes Geflügel nebeneinander in einen Schmortopf legen und mit dem restlichen Mehl bestäuben. Frühlingszwiebeln, Speck/Schinken und Paprikaschoten in den Zwischenräumen verteilen und das Lorbeerblatt dazugeben. Ca.ß 200–250 ml Brühe dazugeben, so dass alles gerade so eben mit Flüssigkeit bedeckt ist. Deckel auflegen und köcheln lassen.
3. Die Gemüsezwiebel in dem Öl, das in der Pfanne geblieben ist, braten, bis sie weich werden; nötigenfalls noch etwas Öl hinzugeben. Die gehackten Knoblauchzehen und den Reis hinzugeben. Mit 1 TL Paprika bestreuen und durchrühren. Den Wein dazugießen und langsam zum Kochen bringen. Dann 300 ml Brühe hinzugeben und alles 15 Min. sanft köcheln lassen, bis der Reis die Flüssigkeit aufgenommen hat. Darauf achten, dass er nicht austrocknet; wenn nötig, noch etwas Flüssigkeit aus dem Schmortopf zugeben.
4. Wenn der Reis gar ist, Alufolie darüber decken, von der Kochstelle nehmen und 5 Min. ruhen lassen. Reis und Geflügel anrichten und auftragen. Bei Verwendung von Frühlingszwiebeln das gehackte Grün zum Garnieren über das Geflügel geben.

Huhn nach Bauernart

- 500 g Fleischtomaten, geschält und geachtelt
- 2 große rote Paprikaschoten (etwa 350 g), geschält und in Streifen geschnitten (oder eine entsprechende Menge eingelegter sog. „Röstpaprika“, ebenfalls in Streifen geschnitten)
- etwa 800 g Hähnchenbrustfilets (etwa 6 kleine oder entsprechend weniger größere)
- 3 EL Olivenöl
- Salz
- schwarzer Pfeffer
- 1 TL mildes Paprikapulver
- 4 Knoblauchzehen, fein gehackt
- 250 ml trockener Weißwein
- 1 kleine getrocknete Chili-Schote
- 1 Zweig Thymian
- 1 Lorbeerblatt

- 100 g mit Paprikapaste gefüllte grüne Oliven, quer in Scheiben geschnitten

1. Backofen auf 150°C (Gas Stufe 1) vorheizen.
2. Hähnchenbrustfilets schräg in zwei bis drei Stücke schneiden und in einem Bräter im Olivenöl bei mittlerer Hitze hellbraun anbraten. Mit Salz, Pfeffer und Paprika würzen. Knoblauch darüber geben.
3. Mit Weißwein ablöschen. Chilischote zerreiben und mit Thymian und Lorbeerblatt, sowie Tomaten und Paprikastreifen dazu geben. Den Bräter zugedeckt etwa 50 Min. in den Backofen (Mitte) stellen.
4. Etwa 10 Min. vor Ende der Garzeit die Oliven in den Bräter einstreuen.

Hähnchen mit Mandel-Sahne-Sauce

– für 6 Personen –

- 6 Hähnchenbrustfilets
- 2 Zwiebeln
- 4 Karotten
- 4 Stangen Lauch
- 2 EL Olivenöl
- Salz
- weißer Pfeffer aus der Mühle
- ¼ l Geflügelfond
- 150 g Mandeln, gemahlen
- 200 g süße Sahne
- 50 g Butter
- 250 g Ananasscheiben (aus der Dose)

1. Die Hähnchenbrustfilets waschen und trocknen. Die Zwiebeln schälen und fein hacken. Die Karotten und den Lauch waschen, putzen und in kleine Stücke schneiden.

2. Das Olivenöl in einem Schmortopf erhitzen, die Hähnchenfilets darin anbraten und wieder herausnehmen. Danach die Gemüsestücke in dem Öl anbraten, das Fleisch wieder in den Topf legen und alles mit Salz sowie Pfeffer würzen.
3. Den Geflügelfond angießen und das Ganze etwa 15 Min. bei mittlerer Hitze schmoren. Die Mandeln sowie die Sahne dazugeben und alles weitere 10 Min. schmoren.
4. Inzwischen die Ananasscheiben abtropfen lassen und halbieren. Die Butter in einer Pfanne erhitzen und die Ananasscheiben kurz darin dünsten.
5. Die Hähnchenfilets und das Gemüse auf Tellern verteilen und mit den Ananasscheiben garnieren. Die Sauce getrennt dazu reichen. Dazu passt Reis.

Pollo en Pepitoria – Huhn in Mandelsauce

- 4 Hähnchenbrustfilets
- 2 Knoblauchzehen, feingehackt
- 2–4 EL Olivenöl
- 1 dicke Scheibe Brot
- Salz und frisch gemahlener Pfeffer
- 125 ml Hühnerbrühe
- 0,1 g Safran (10 Fäden, in Brühe eingeweicht)
- 125 ml Sherry fino oder Montilla
- 1 Lorbeerblatt in Stücke gebrochen
- 25 Mandeln, geröstet
- 1 EL Petersilie, fast zu Mus gehackt
- 1 Msp gemahlener Ingwer
- 1 Msp gemahlene Nelken
- 1 TL Zitronensaft

1. In einer großen Schmorpfanne den Knoblauch kurz in 2 EL Öl braten und anschließend in den Mixer oder einen Mörser geben. Das Brot bei starker Hitze rasch auf beiden Seiten im Öl braten, dann beiseite stellen.
2. Hühnerfilets würzen und rundum goldbraun anbraten, aus der Pfanne nehmen und Fett weggießen. Die Pfanne mit Safran-Brühe und Sherry ablöschen und den Bratensatz unter Rühren loskochen. Hühnerfilets zurück in die Pfanne legen, Lorbeerblatt zugeben. Bei aufgelegtem Deckel 10 Minuten sanft köcheln.

3. Geröstete Mandeln zum Knoblauch in den Mixer oder Mörser geben und zu einer Paste verarbeiten, nach und nach zerkleinertes Brot, gehackte Petersilie und restliche Gewürze dazugeben. Die aromatische Paste mit Zitronensaft in die Sauce rühren. Sofort servieren.

Huhn mit Äpfeln

– für 6 Personen –

- 6 Hähnchenbrustfilets
- Salz
- Weißer Pfeffer
- 1 Streifen Zitronenschale (Schale einer halben Zitrone)
- 1 Knoblauchzehe, zerdrückt
- 3–4 Stängel Petersilie, zerdrückt oder grob püriert
- 3 Nelken
- 700 g Tafeläpfel
- 1 EL Schweineschmalz (oder Butter)
- 1 EL (neutrales) Öl
- 2 milde Zwiebeln, fein gehackt
- 500 ml trockener Apfelwein
- 1 EL Zitronensaft
- 2 EL gehackte frische Petersilie
- ½ TL gemahlener Zimt
- 2 EL Sahne oder Schmand

1. Äpfel schälen und entkernen. Einen Apfel in kleine Stücke schneiden, die anderen vierteln. Die Schalen und Kerngehäuse zusammen mit 300 ml Apfelwein, Zitronenschale, zerdrückten Knoblauch, Petersilienstängel, und Nelken in einem kleinen Topf erhitzen und bei geschlossenem Deckel auf kleinster Flamme ziehen lassen.
2. Herd auf 180° vorheizen (Gasherd Stufe 2–3).

3. Hähnchenfilets salzen und pfeffern. In einem Schmortopf, in dem gerade genug Platz für die Filets ist, Öl und Schmalz oder Butter erhitzen. Das Geflügel von beiden Seiten gleichmäßig anbraten. Zwiebeln rund herum verteilen, damit sie weich werden.
4. Die Apfelstücke zu den Zwiebeln geben. Apfelwein, Zitronensaft und gehackte Petersilie zugeben. Alufolie über den Topf ausbreiten und Deckel darauf legen, so dass er einigermaßen dicht schließt. Topf für 35 Min. in den vorgeheizten Backofen schieben.
5. Die Apfelviertel hinzugeben, mit Zimt bestreuen und den Topf für weitere 10–15 Min. in den Backofen schieben. Huhn und Äpfel aus dem Topf nehmen und auf einer vorgewärmten Servierplatte anrichten.
6. Die Flüssigkeit aus dem anderen Topf passieren und in den Schmortopf geben. Alles pürieren oder passieren, dann in einen Topf geben und erhitzen. Sauce abschmecken, ggf. noch etwas mehr Zitronensaft hinzufügen. Die Sahne oder den Schmand hinzugeben unterrühren, und die Sauce getrennt zu Filets und Äpfeln reichen.

Huhn mit Aprikosen

- etwa 800 g Hähnchenbrustfilets
- 1 große Zwiebel, fein gehackt
- 2 Möhren, geschält und in Scheiben geschnitten
- Salz
- schwarzer Pfeffer
- 3 EL Olivenöl
- 2 Knoblauchzehen, fein gehackt
- 40 ml Weinbrand
- 1 Zimtstange
- 2 Lorbeerblätter
- 1 Bund glatte Petersilie, zusammengebunden
- 1 Zweig frischer oder 1 TL getrockneter Thymian
- (mindestens) 400 ml Geflügelbrühe
- 300 g frische oder 200 g getrocknete Aprikosen
- 4 EL geröstete Pinienkerne oder gehobelte oder gestiftelte Mandeln
- 1–2 TL Rotweinessig

1. Backofen auf 180°C (Gas Stufe 2) vorheizen.
2. Die Hähnchenfilets schräg in jeweils zwei bis drei Teile schneiden.
3. Olivenöl in einem Bräter erhitzen, die Hähnchenbrustfilets darin bei mittlerer Hitze rundum braun anbraten, salzen und pfeffern. Zwiebel und Möhren hinzu geben und etwa 5 Min. dünsten. Knoblauch darüber geben.
4. Mit Weinbrand ablöschen. Zimtstange, Lorbeerblätter, Thymian und Petersilie dazugeben, mit Geflügelbrühe aufgießen und zugedeckt im Backofen (Mitte) 30 Min. garen.
5. In der Zwischenzeit

    - frische Aprikosen kurz in siedendes Wasser legen, abschrecken, häuten und vierteln, die Steine bei dieser Gelegenheit entfernen;
    - getrocknete Aprikosen einfach nur in zwei bis vier Teile zerschneiden.

    Nach Ablauf der 30 Min. zum Fleisch geben (ggf. etwas Brühe nachgießen) und weitere 25 Min. garen lassen.
6. Hähnchenfilets aus dem Bräter nehmen und warm stellen. Zimtstange, Lorbeerblätter, Thymianzweig (falls frischer verwendet wird) und Petersilie aus dem Topf nehmen und wegwerfen. Sauce pürieren und im offenen Topf dicklich einkochen. Mit Salz, Pfeffer und Rotweinessig abschmecken.
7. Die Hähnchenbrustfilets auf einer Platte anrichten und mit den Pinienkernen/Mandeln bestreuen. Die Sauce getrennt reichen.

Huhn nach Art des Vallée d'Auge / Normandie

– für 6 Personen –

- 6 Hähnchenbrustfilets
- 150 g Butter
- 6 kleine Äpfel
- 3 Zwiebeln
- 150 ml Calvados
- 250 ml Cidre

- Salz
- Pfeffer
- 1 Eigelb

1. Die Butter in einer Sauteuse erhitzen und die Hähnchenfilets darin von allen Seiten langsam anbraten, bis sie goldbraun sind.
2. Die Äpfel schälen, das Kerngehäuse entfernen und die Äpfel würfeln. Die Zwiebeln schälen und vierteln.
3. Apfelwürfel und Zwiebelviertel zum Geflügel geben und zusammen etwa 10 Min. dünsten. Den Calvados angießen und sofort mit einem bereitgehaltenen Zündholz entflammen, um das Geflügel zu flambieren. Dabei den Topf leicht schütteln, damit die Flammen bald verlöschen. Das Poulet mit Cidre ablöschen, leicht salzen und pfeffern und weitere 30 Min. im geschlossenen Topf schmoren lassen. Die Hähnchenfilets herausnehmen und warm stellen.
4. Das Eigelb in eine Tasse geben und mit 2–3 EL der heißen Sauce verrühren. Zurück in die Sauteuse geben, die man vorher vom Feuer genommen hat, um die Sauce zu legieren. Die Sauce darf jetzt nicht mehr kochen, damit das Eigelb nicht gerinnt. Mit Salz und Pfeffer abschmecken. Über das Fleisch geben und sofort servieren.

> Beim Flambieren darauf achten, dass die Flammen das Gargut nicht verbrennen. Deshalb die Pfanne kräftig hin und her bewegen, damit der Alkohol rasch verbrennt.
> Halten Sie die Flambierpfanne möglichst weit von sich weg, damit Sie sich an den Flammen nicht verbrennen.

Hähnchen in Apfelweinsauce

– für 6 Personen –

- 6 Hähnchenbrustfillets
- Salz
- 1 Prise Cayennepfeffer
- 1 Prise Currypulver
- 1 EL Mehl

- 2 EL Öl
- 2 Zwiebeln
- 1 Knoblauchzehe
- 1 kleines Stück Ingwer
- 1 unbehandelte Zitrone
- ¼ l Apfelwein
- 1 Stange Lauch
- 2 rote Äpfel
- 2 EL entkernte schwarze Oliven
- 1 Bund glatte Petersilie

1. Salz, Pfeffer, Curry und Mehl vermengen und die Filets damit einreiben. Die Hähnchenfilets in Öl anbraten. Zwiebeln und Knoblauch würfeln, Ingwer fein schneiden. Zitrone heiß abwaschen, die Hälfte der Schale dünn abschälen und hacken. Zwiebeln, Knoblauch, Ingwer und Zitronenschale zum Hähnchen geben und anbraten. Apfelwein zufügen und zugedeckt 30 Min. schmoren lassen.
2. Lauch klein schneiden, Äpfel schälen und würfeln und mit den Oliven zum Fleisch geben. 5 Min. schmoren, dann die gehackte Petersilie hinzufügen und die Sauce abschmecken.

Hähnchen mit Bratäpfeln

- 2 grüne Äpfel (Boskop sind gut geeignet), geschält, entkernt und in dünne Spalten geschnitten
- 3 Hähnchenbrustfilets, in Längsstreifen geschnitten
- 2 EL Öl
- 30 g Butter
- 2 TL brauner Zucker
- 2 EL Weinbrand (oder Calvados)
- 300 ml Sahne
- 2 TL Rotisseriesenf (mit ganzen Körnern)
- Salz
- weißer Pfeffer

1. Das Öl in einer schweren Pfanne erhitzen und das Fleisch darin bei starker Hitze goldbraun anbraten. Herausnehmen und beiseite stellen.
2. Danach die Butter in der Pfanne erhitzen und die Apfelspalten mit dem Zucker hineingeben. Unter ständigem Rühren 5 Min. braten, bis sich die Äpfel goldgelb färben. Den Weinbrand zufügen und rühren, bis die Flüssigkeit verdampft ist. Sahne und Senf einrühren. Das Fleisch zurück in die Pfanne geben und die Sauce zum Kochen bringen. Anschließend die Temperatur erniedrigen und das Gericht noch 3 Min. köcheln lassen. Mit Salz und Pfeffer kräftig abschmecken.

Huhn in mexikanischer Apfel-Paprika-Sauce

- 2 abgezogene, geröstete Paprikaschoten
- 2 mittelgroße rote oder gelbe Paprikaschoten (frisch), entkernt und in Streifen geschnitten
- 1–2 TL Olivenöl
- 600–800 g Hähnchenfilets
- 1 mittelgroße Zwiebel, fein geschnitten
- 2 Knoblauchzehen, gehackt
- 2 grüne Äpfel, geschält und gerieben
- 1 TL Oregano, gemahlen
- 440 g geschälte Tomaten aus der Dose
- Chili-Pulver nach Belieben

1. Abgezogene Paprika in der Küchenmaschine pürieren, 30 Sekunden verarbeiten, bis eine glatte Masse entsteht. Beiseite stellen.
2. Öl in einer Bratpfanne erhitzen. Filets portionsweise bei mittlerer Hitze 5 Min. braten, bis sie goldbraun sind. Aus der Pfanne nehmen und auf Küchenpapier abtropfen lassen.
3. Zwiebel, Knoblauch, Äpfel und Oregano in die Pfanne geben, auf niedrigster Stufe rühren.
4. Tomaten, Paprikastreifen und -püree hinzugeben.
5. 2 Min. rühren. Hähnchenfilets zurück in die Pfanne geben. Ohne Deckel 40 Min. köcheln lassen, oder bis die Flüssigkeit eingekocht und das Fleisch weich ist.

6. Mit Chili-Pulver nach Belieben abschmecken und mit Weißbrot oder Tortillas servieren.

Unbedingt ausprobieren, ob man statt des pürierten Paprikas milde Ajvar verwenden kann!

Hähnchen auf mediterranem Gemüse

- 4 Hähnchenbrustfilets
- 250 g Frischkäse mit Kräutern und Knoblauch (ggf. eine oder zwei Knolauchzehen pressen und unterkneten)
- 500 g Zucchini, in Scheiben
- 2 rote Paprikaschoten, entkernt und in Stücke geschnitten, die etwa so groß wie die Zucchinischeiben sind
- 500 g reife Tomaten, geviertelt (den Stielansatz entfernen)
- 4 Stangen Staudensellerie, schräg in Scheiben geschnitten
- 4–5 EL Olivenöl
- 250 g rote Zwiebeln, grob gehackt
- 3 Knoblauchzehen, fein gehackt
- 8 getrocknete Tomaten, grob gehackt
- 1 TL getrockneter Oregano
- 2 EL *Balsamico*
- 1 TL mildes Paprikapulver
- Salz
- schwarzer Pfeffer

1. Den Backofen auf 200°C (Gas Stufe 2–3) vorheizen.
2. In jedes Hähnchenbrustfilet mit einem spitzen scharfen Messer eine Tasche schneiden und mit dem Frischkäse füllen, diesen möglichst gleichmäßig über die Fläche verteilen. Zusammendrücken und gff. mit einem Zahnstocher zusammenstecken.
3. Zwiebel und Knoblauch im 3 EL Olivenöl in einem Schmortopf unter Rühren anbraten und leicht bräunen.
4. Zucchini, Paprika und Sellerie und 5 Min. anbraten.
5. Frische und getrocknete Tomaten, Oregano und *Balsamico* hinzufügen, kräftig mit Salz und Pfeffer würzen.
6. Das Gemüse in eine Aufflaufform umfüllen, gleichmäßig verteilen, die Hähnchenbrustfilets obenauf legen, salzen, pfeffern und mit Paprikapulver würzen, mit etwas Olivenöl beträufeln und alles im Backofen (Mitte) 35–40 Min. backen.

Hähnchen nach spanischer Art

- 6 Hähnchenbrustfilets
- 6 dünne Scheiben Hinterschinken
- Zahnstocher zum Zustecken der Filets
- 60 g Butter
- 1 kleine Zwiebel, gehackt
- 1 kleine Möhre, fein geraspelt
- 1 EL Mehl
- 375 ml Geflügel- oder Gemüsebrühe
- 250 ml Apfelwein oder naturtrüber Apfelsaft
- 1 Prise gemahlener Pfeffer
- 1 Prise geriebene Muskatnuss
- optional: 3 EL geröstete Pinienkerne (oder Mandelstifte)

1. Backofen auf 180° C vorheizen.
2. Mit einem scharfen Messer die dicksten Stellen der Filets tief einschneiden und mit einer Scheibe Schinken füllen. Mit einem Zahnstocher verschließen. Die Filets zugedeckt im Kühlschrank bis zum Gebrauch aufbewahren.
3. Butter in einem Topf erhitzen, Zwiebel und Möhren hinzufügen. 4 Min. bei schwacher Hitze dünsten, bis Zwiebel und Möhre weich sind. Das Mehl dazugeben und bei schwacher Hitze rühren, bis die Sauce gelblich ist. Die mit Apfelwein oder -saft vermischte Brühe allmählich dazugeben, rühren bis alles glatt ist. Pfeffer und Muskatnuss hinzugeben. Bei mittlerer Hitze drei Minuten weiterrühren, bis die Sauce kocht und dicklich wird. Vom Herd nehmen.
4. Die Filets nebeneinander in einen flachen Bräter geben. Sauce darüber gießen, bedecken und 20–25 Min. backen.
5. Zahnstocher entfernen und Filets mit jeweils einem Löffel Sauce servieren. Ggf. mit Pinienkernen bestreuen.

Hähnchen baskische Art

- etwa 800 g Hähnchenbrustfilets
- 300 g Schalotten, geschält

- 2 große rote Paprikaschoten (etwa 350 g), geschält und in Streifen geschnitten (oder eine entsprechende Menge eingelegter sog. „Röstpaprika", ebenfalls in Streifen geschnitten)
- 100 g luftgetrockneter Schinken (vorzugsweise Serrano-Schinken), gewürfelt oder in Rauten
- 4 mittelgroße grüne Paprikaschoten (etwa 600 g), in Streifen geschnitten
- 4 Knoblauchzehen, fein gehackt
- 3 EL Schweineschmalz
- Salz
- schwarzer Pfeffer
- 4 EL Tomatenmark
- 250 ml trockener Weißwein

1. Hähnchenbrustfilets schräg in jeweils zwei bis drei Teile schneiden, in einem Bräter im Schweineschmalz bei mittlerer Hitze rundum braun anbraten, salzen, pfeffern und herausnehmen.
2. Zwiebeln im verbliebenen Fett hellbraun braten. Schinken und Tomatenmark unterrühren, Knoblauch dazu geben. Mit Weißwein aufgießen und rote und grüne Paprikastreifen dazu geben. Hähnchenbrustfilets darauf legen und zugedeckt etwa 50 Min. schmoren lassen.

Pollo al Chilindrón – Hähnchen mit Paprika

- 4 große rote getrocknete Paprikaschoten (oder doppelte Menge eingelegte, geschälte rote Paprikaschoten)
- 800 g Hähnchenbrustfilets
- Salz und Pfeffer
- 100 ml Olivenöl
- 1 große Zwiebel, fein gehackt
- 4 Knoblauchzehen, fein gehackt
- 125 g luftgetrockneter Schinken in Würfel oder Rauten
- 2 grüne Paprikaschoten, entkernt und gewürfelt
- 3 reife Fleischtomaten, enthäutet und in Würfel geschnitten
- 1 TL mildes Paprikapulver
- 1 getrocknete Chili-Schote, zerrieben

- 4 cl Weinbrand (am besten spanischer Weinbrand)
- ¼ l Geflügelbrühe
- 2 EL gehackte glatte Petersilie

1. Backofen auf 175°C vorheizen.
2. Getrocknete Paprikaschoten in Wasser einweichen. Dann abgießen, abtropfen lassen und in kleine Stücke schneiden. Eingelegte Schoten gleich in Stücke schneiden.
3. Die Hähnchenbrustfilets säubern, salzen und pfeffern. Das Olivenöl in einem Schmortopf erhitzen und die Filets von allen Seiten braun anbraten. Aus dem Topf nehmen und in eine feuerfeste Form legen.
4. Zwiebel, Knoblauch und Schinken im Bratfett Farbe annehmen lassen. Die eingeweichten bzw. eingelegten und die frischen Paprikaschoten zufügen und kurz mitbraten. Dann die Tomaten unterrühren, Paprikapulver und Chili-Schote hinzugeben und mit Weinbrand ablöschen. Geflügelbrühe angießen und Petersilie zugeben. Das Gemüse einige Minuten köcheln lassen und mit Salz und Pfeffer abschmecken
5. Über die Filets geben und die Form mit Alufolie abdecken. Im vorgeheizten Backofen bei 175°C ca. 1 Stunde garen. In der Form auftragen.

Variante: statt Schinken 150 g gewürfelte Chorizo verwenden.

Hähnchen mit Chorizo und Paprika

- 400 g Hähnchenbrustfilets
- 100 g Chorizo
- 3 Paprikaschoten
- 1 Bund Schnittlauch (oder Frühlingszwiebel)
- 1–2 Knoblauchzehen
- 1 Orange (oder geriebene Orangenschale und bis zu 100 ml Orangensaft)
- 4 EL Olivenöl
- Salz und schwarzer Pfeffer

1. Das Hähnchenfilet und die Chorizo in kleine Würfel schneiden.
2. Die Paprikaschoten halbieren, entkernen und in feine Streifen schneiden.
3. Den Schnittlauch waschen, trocken schütteln und mit der Küchenschere oder einem Messer in feine Röllchen schneiden. Oder die Frühlingszwiebel putzen und in feine Scheiben schneiden.
4. Falls benutzt: Die Orange waschen, abtrocknen und die Schale dünn abreiben. ½ Orange auspressen.
5. In einer Schüssel das Hähnchen mit Wurstwürfeln, dem gehackten Knoblauch und etwa ⅔ des Schnittlauchs oder der Frühlingszwiebel, Orangenschale und -saft sowie 2 TL Olivenöl vermischen.
6. Restliches Olivenöl in einer Pfanne erhitzen und die Fleischmischung portionsweise darin rundherum etwa 7 Min. braten, bis das Fleisch gar ist.
7. Mit Pfeffer und Salz würzen und mit dem restlichen Schnittlauch bzw. den restlichen Frühlingszwiebeln bestreut servieren.

Hähnchenbrüstchen mit Orangen und Limetten

- 4 Hähnchenbrustfilets
- Salz und Pfeffer
- 2 EL Olivenöl
- 2 Möhren, geschält und in kleine Würfel geschnitten
- 1 Zwiebel, gehackt
- 1 TL Zucker
- Saft von 3 Orangen
- Saft von 1 Limette
- 125 ml Weißwein
- Orangenscheiben zum Garnieren (wie oben beschrieben geschnitten)

1. Hähnchenbrustfilets salzen und pfeffern. Das Olivenöl in einer tiefen Pfanne erhitzen und die Filets darin von allen Seiten goldbraun anbraten, dann herausnehmen und erst einmal warm stellen.
2. Möhren- und Zwiebelwürfel im Bratfond andünsten. Mit Orangen- und Limettensaft ablöschen und den Weißwein angießen. Die Sauce etwas einkochen lassen. Mit dem Mixstab pürieren, dann salzen und pfeffern.
3. Die Filets in die Sauce legen und zugedeckt 10 Min. ziehen lassen. Mit Orangenscheiben garniert servieren.

Huhn mit Zitrone und Knoblauch

- 4 große Hähnchenbrustfilets
- 5 EL Olivenöl
- 1 Zwiebel, fein gehackt
- 6 Knoblauchzehen, fein gehackt
- abgeriebene Schale von 1 Zitrone
- Zesten von 1 Zitrone
- Saft beider Zitronen
- 4 EL frisch gehackte glatte Petersilie
- weitere Petersilienzweige zum Garnieren
- Weitere Zitronenspalten zum Beträufeln

1. Hähnchenbrustfilets quer in längliche Streifen schneiden.
2. Olivenöl in einer Pfanne erhitzen, die Zwiebelwürfel 5 Min. darin glasig dünsten. Den Knoblauch hinzufügen und 30 Sek. anschwitzen.
3. Hähnchenfleischstreifen hinzugeben und bei mittel-schwacher Hitze 5 – 10 Min. unter gelegentlichen Rühren garen und leicht bräunen.
4. Abgeriebene Zitronenschale und den Zitronensaft zugeben und aufkochen, dabei mit einem Holzlöffel den Bratensatz vom Boden der Pfanne lösen und mit dem Saft verrühren. Die Pfanne vom Herd nehmen. Die Petersilie untermischen und alles mit Salz und Pfeffer abschmecken.
5. Das Zitronen-Knoblauch-Huhn sehr heiß in eine vorgewärmte Schale geben. Mit Zitronenzesten und Petersiliezweigen garnieren. Mit Zitronenspalten zum Beträufeln servieren.

Huhn in Rot- oder Weißwein

- 4 große Hähnchenbrustfilets
- 3 EL Olivenöl
- 1 mittelgroße rote bzw. normale Zwiebel
- 2 EL roter Pesto bzw. normaler Pesto à la Genovese
- 600 ml trockener Rot- bzw. Weißwein

- 125 g rote bzw. weiße Trauben, halbiert und ggf. entkernt
- Salz
- weißer Pfeffer
- glatte Petersilie zum Garnieren

1. Die Hähnchenbrüste jeweils schräg in drei bis vier Teile schneiden, salzen und pfeffern und in 2 EL Olivenöl bei mittlerer Hitze rundum braun anbraten. Herausnehmen und auf Küchenpapier abtropfen lassen.
2. Die Zwiebel pellen und in Achtel schneiden. Mit dem Pesto im Öl anschwitzen und glasig werden lassen, ohne sie zu bräunen.
3. Mit dem Wein ablöschen, aufkochen und das Fleisch zurück in den Topf geben.
4. Zudecken und bei schwacher Hitze ca. 20 Min. garen. Das Fleisch herausnehmen und warm stellen, den Fond um gut die Hälfte einkochen.
5. Das Fleisch wieder in den Topf geben, Trauben hinzufügen und vorsichtig erhitzen. Abschmecken.
6. Auf einer Platte mit der Petersilie anrichten.

Bemerkung: roten Pesto, rote Zwiebel, rote Trauben und Rotwein für die „rote“ Variante verwenden, grünen Pesto, normale Zwiebel, weiße Trauben und Weißwein für die „weiße“.

Huhn auf marokkanische Art

- 1 Döschen (0,2 g) Safran
- 2 EL Olivenöl
- 600 g Hähnchenfilets, vorzugsweise solche aus der Keule; Hähnchenbrustfilets schräg in jeweils drei bis vier Teile schneiden
- 1 große rote Zwiebel, fein gehackt
- 1 grüne Paprikaschote, gewürfelt
- 1 rote Paprikaschote, gewürfelt
- 3 Knoblauchzehen, grob gehackt
- 1 zerriebene Chili-Schote

- 2 TL gemahlener Kreuzkümmel
- 3 TL gemahlener Koriander
- 200 g Langkornreis
- 2 EL abgeriebene Zitronenschale (besser wäre die fein gehackte Schale in Salz eingelegter Zitronen, aber die sind hierzulande schwer zu bekommen)
- 450 ml Hühner- oder Gemüsebrühe
- 100 g schwarze Oliven, entkernt
- Salz
- schwarzer Pfeffer

1. Den Backofen auf 180°C (Gas Stufe 2) vorheizen.
2. Den Safran in ein Schüsselchen geben, 1 EL heißes Wasser darüber geben und mind. 10 Min. einweichen lassen.
3. Die Hälfte des Öls in einer Bratpfanne erhitzen. Die Hähnchenfilts darin von allen Seiten goldbraun anbraten. Herausnehmen und auf Küchenpapier abtropfen lassen.
4. Das restliche Öl in einem ofenfesten Schmortopf (2¾ l) bei mittlerer Temperatur erhitzen. Zwiebel und Paprika hinzufügen und etwa 4 Min. dünsten. Knoblauch, Chili, Kreuzkümmel und Koriander zugeben und 30 Sek. erhitzen, damit sich die Aromen entfalten. Reis und Zitronenschale dazufügen und verrühren.
5. Das Fleisch auf den Reis legen. Die Safranflüssigkeit mit der Brühe vermischen, über den Reis geben und mit Salz und Pfeffer abschmecken. Zum Kochen bringen. Den Deckel auflegen und für 50 Min. im Backofen (Mitte) garen. Die Oliven untermischen.

Huhn mit Artischocken

- 4–6 (je nach Größe) Hähnchenbrustfilets
- 30 g Butter
- 2 rote Zwiebeln, geachtelt
- 2 EL Zitronensaft
- 150 ml torckener Weißwein
- 150 ml Hühner- oder Gemüsebrühe
- 2 TL Mehl

- 425 g Artischockenherzen aus der Dose, abgetropft und halbiert
- Salz
- weißer Pfeffer
- 1–2 EL gehackte glatte Petersilie

1. Hähnchenfilets mit Salz und Pfeffer würzen. Öl und 15 g Butter in einer Pfanne erhitzen, Filets auf allen Seiten goldgelb braten und wieder aus der Pfanne nehmen.
2. Zwiebeln in den Zitronensaft rühren und in die Pfanne geben. Unter Rühren etwa 3–4 Min. halb weich braten.
3. Filets zurück in die Pfanne geben. Wein und Brühe zugießen, aufkochen und 30 Min. leicht köcheln lassen.
4. Filets wieder herausnehmen und warm stellen. Pfannensud aufkochen und 5 Min. stark kochen lassen (nach etwa 4 Min. die Hitze reduzieren).
5. Restliche Butter mit dem Mehl zu einer Paste verarbeiten. Sud nur noch schwach köcheln lassen. Mehlpaste nach und nach unter den Sud rühren und diesen zu einer Sauce andicken.
6. Alles mit Salz und Pfeffer abschmecken, die Artischockenherzen zugeben und weitere 2 Min, köcheln lassen,
7. Sauce über die Hähnchenbrustfilets geben und alles mit Petersilie bestreuen.

Huhn auf römische Art

Tomatensauce:

- 2 EL Olivenöl
- 1 kleine Zwiebel, fein gehackt
- 2 Knoblauchzehen, fein gehackt
- 1 Dose (425 ml) Polpa di Pomodori („Pizzatomaten“, „Tomatenstücke in eigenem Saft“)
- 2 EL glatte Petersilie, fein gehackt
- 300 ml (heiße) Gemüsebrühe
- 1 TL (brauner) Zucker
- 1 EL Zitronensaft
- 75 ml trockener Weißwein

- Salz
- schwarzer Pfeffer

1. Öl in einem großen Topf erhitzen. Zwiebel und Knoblauch darin halb dünsten (der Knoblauch darf dabei keine Farbe annehmen!). Tomaten, Petersilie, Brühe, Zucker und Zitronensaft zufügen. 15 Min. zugedeckt köcheln lassen.
2. Wein unterrühren. Alkohol verdampfen lassen, dann mit Salz und Pfeffer abschmecken.

> Diese Sauce kann man in größerer Menge auf Vorrat kochen, da man sie auch für andere Gerichte verwenden kann.

Das eigentliche Gericht:

- 4 EL Olivenöl
- 4–6 (je nach Größe) Hähnchenbrustfilets
- 2 Knoblauchzehen, mit 1 TL Salz zerdrückt
- 1 große rote Zwiebel, in Ringen
- 4 große Paprika in möglichst vielen unterschiedlichen Farben, in Streifen
- 125 g grüne Oliven, entkernt
- 300 ml (heiße) Hühner- oder Gemüsebrühe
- 2 frische Majoran- oder Oreganozweige
- Salz
- schwarzer Pfeffer

1. Die Hälfte des Öls in einer Kasserolle erhitzen und die Hähnchenbrustfilets darin von allen Seiten braun anbraten. Herausnehmen und warm stellen.
2. Restliches Öl in die Kasserolle geben, Knoblauch und Zwiebel darin weich dünsten. Paprika, Oliven und die nach dem Rezept oben zubereitete Tomatensauce unterrühren.
3. Hähnchenbrustfilets mit Brühe und Majoran/Oregano zurück in die Kasserolle geben. Zugedeckt 45 Min. weich garen. Mit Salz und Pfeffer abschmecken.

Huhn in Biersauce

- 8 Hähnchenbrustfilets
- 120 g Butter
- 2 mittelgroße Zwiebeln, in Ringen
- 500 g Champignons
- 1 Zweig Koriandergrün (zur Not geht auch 1 Bund glatte Petersilie, gehackt)
- 1 Zweig frischer oder 1 Tl getrockneter Thymian
- 375 ml helles Hefeweißbier
- 500 ml Geflügelbrühe
- Salz
- Pfeffer
- 250 ml Schmand (oder Crème fraîche)

1. Hähnchenbrustfilets – ggf. in Etappen – in 60 g Butter goldbraun braten. Herausnehmen und beiseite stellen. Butter abgießen und Filets wieder zurück in den Topf geben.
2. In einem anderen Topf Zwiebeln in 30 g Butter anschwitzen, bis sie glasig sind. Zwiebeln aus dem Topf nehmen und beiseite stellen.
3. Champignons mit einem feuchten Tuch abreiben, Stielenden kappen, vierteln und in der restlichen Butter anbraten.
4. Zwiebeln, Champignons, Koriandergrün, Thymian, Bier und Geflügelbrühe zu den Filets geben. Salzen und pfeffern. Zum Kochen bringen, dabei Bratensatz mit einem Spachtel loskratzen. Deckel auflegen und 45–60 Min. bei kleinster Hitze schmoren lassen. Wenn das Fleisch gar ist, Schmand einrühren und Sauce abbinden lassen.

Knoblauchhähnchen mit Weinbrand

- 1 kg Hähnchenbrustfilets, schräg in jeweils 2–3 Teile geschnitten
- 2 EL mildes Paprikapulver
- Salz
- schwarzer Pfeffer
- 2 EL Olivenöl

- 8 (acht!) geschälte ganze Knoblauchzehen
- 4 EL Weinbrand
- 125 ml Hühner- oder Gemüsebrühe
- 1 Lorbeerblatt
- 2 EL fein gehackte glatte Petersilie

1. Paprika mit etwas Salz und Pfeffer in einer Schüssel mischen. Hähnchenfilets darin wenden.
2. Die Hälfte des Öls in einer Pfanne erhitzen und den Knoblauch darin bei starker Hitze 1–2 Min. braun braten. Aus der Pfanne nehmen und beiseite stellen.
3. Die Hälfte der Hähnchenfilets in der Pfanne von allen Seiten braun braten. Aus der Pfanne nehmen und mit dem Rest des Fleischs ebenso verfahren, dabei bei Bedarf das restliche Öl hinzu geben.
4. Alles Fleisch wieder in die Pfanne geben, Weinbrand dazu gießen und 30 Sek. lang kochen. Hühnerbrühe und Lorbeerblatt hinzu geben und abgedeckt bei schwacher Hitze 10 Min. lang köcheln lassen.
5. Unterdesssen den gebratenen Knoblauch in einer Schüssel oder in einem Mörser zerstampfen. Petersilie hinzu geben und zu einer Paste stampfen oder mit einer Gabel verkneten.
6. Paste mit dem Hähnchenfleisch verrühren und abgedeckt 10 Min. schmoren lassen.

Knoblauchhähnchen mit Weißwein

- 800 g Hähnchenbrustfilets, schräg in jeweils 2–3 Teile geschnitten
- 1 ganze Knolle Knoblauch, zerteilt, die Zehen geschält und in Scheiben geschnitten (ideal wäre junger frischer Knoblauch)
- 5 EL Olivenöl
- Salz
- schwarzer Pfeffer
- 1–2 TL mildes Paprikapulver
- 250 ml trockener Weißwein
- 2 Lorbeerblätter
- 1 Bund glatte Petersilie

1. Den Backofen auf 150°C (Gas Stufe 1) vorheizen.
2. Öl in einem Bräter erhitzen und das Fleisch darin portionsweise rundum hellbraun anbraten. Herausnehmen, mit Salz, Pfeffer und Paprikapulver würzen, dann beiseite stellen und warm halten.
3. Knoblauchzehen im verbliebenen Bratfett bei schwacher Hitze andünsten. Mit Weißwein aufgießen, Lorbeerblätter einlegen und aufkochen.
4. Fleisch wieder zurück in den Bräter geben und zugedeckt im Backofen (Mitte) etwa 40 Min. lang garen.
5. Petersilie waschen, trocken schütteln, mittelfein hacken und vor dem Servieren über das fertige Gericht streuen.

Hähnchen mit Minze und Orangen

- 2 mittelgroße unbehandelte Orangen
- 2 Olivenöl
- etwa 800 g Hähnchenbrustfilets, schräg in jeweils 2–3 Teile geschnitten
- Salz
- schwarzer Pfeffer
- 80 ml Amontillado-Sherry
- 125 ml Geflügel- oder Gemüsebrühe
- ½ Bund frische Minze

1. Orangen heiß abbürsten. Von einer Orange die Schale dünn abschälen und die Schale in ganz feine Streifen schneiden. Diese Orange und eine weitere halbe Frucht auspressen, die andere Hälfte dieser Frucht in Scheiben schneiden.
2. Olivenöl in einer großen Pfanne erhitzen. Hähnchenbrustfilets darin etwa 6 Min. bei starker Hitze braten, dabei einmal wenden. Herausnehmen, auf eine Platte legen, salzen, pfeffern und warm stellen.
3. Das Fett aus der Pfanne wegschütten. Amontillado hineingießen und den Bratensatz loskochen. Orangenschalenstreifen, Orangensaft und Brühe hinzufügen und bei starker Hitze um ein Drittel einkochen.

4. Minze abbrausen, trocken schütteln, Blättchen abzupfen und etwa 10 beiseite legen. Die restlichen Blätter fein hacken und in die Sauce einrühren, mit Salz und Pfeffer abschmecken.
5. Das Fleish wieder zurück in die Sauce geben und etwa 10 Min. zugedeckt darin gar ziehen lassen.
6. Mit Orangenscheiben und den beiseite gestellten Minzblättchen dekoriert servieren.

Huhn mit Reis und Lauch

- 1¼ l Hühner- oder Gemüsebrühe
- 60 ml trockener Weißwein
- 1 EL Olivenöl
- 25 g Butter
- 300 g Hähnchenbrustfilets, gewürfelt (etwa 1,5 cm große Stücke)
- 2 Porreestangen, die hellen Teile in Ringe geschnitten
- 2 Knoblauchzehen, fein gehackt
- 350 g Risotto-Reis
- 2 TL Zitronensaft
- 1 TL abgeriebene Zitronenschale
- 2 TL Thymianblättchen; optimal wäre Zitronenthymian, falls nicht erhältlich, bitte zusätzlich noch 1–2 TL Zitronensaft verwenden
- 50 g frisch geriebener Parmesan
- Salz
- weißer Pfeffer

1. Die Brühe zusammen mit dem Wein erhitzen und zugedeckt leise köcheln lassen.
2. Öl und Butter in einem großen Topf erhitzen. Hühnerfleisch hinzufügen und von allen Seiten goldbraun anbraten. Aus dem Topf nehmen.
3. Lauchringe und Knoblauch in den Topf geben und etwa 5 Min. garen, bis sie leicht gebräunt sind. Den Reis hinzufügen und rühren, bis er vollständig von Fett überzogen ist.
4. Eine Schöpfkelle (125 ml) heiße Brühe angießen und den Reis bei mittlerer Hitze garen, bis er die Flüssigkeit fast vollständig aufgesogen hat. Weitere Flüssigkeit zugeben und den Reis unter ständigem Rühren 20 Min. weitergaren.

5. Das Hähnchenfleisch mit dem ausgetretenen Saft zugeben und alles noch einmal 5 Min. weitergaren.
6. Vom Herd nehmen. Zitronensaft und -schale, Thymian und Parmesan unterrühren, mit Salz und Pfeffer abschmecken. Vor dem Servieren mind. 2 Min. ruhen lassen.

Huhn auf Tomaten

- 4 reife Tomaten (am besten Eiertomaten), geschält und halbiert
- 1 EL Rosmarinnadeln, frisch gehackt
- 8 (ungeschälte) Knoblauchzehen
- 60 ml Olivenöl
- 60 ml *Balsamico*
- 2 EL Weißweinessig (kein sog. „weißer *Balsamico*“!)
- schwarzer Pfeffer
- 4 Hähnchenbrustfilets
- 4 kleine Zweige Rosmarin
- 4 große Scheiben luftgetrockneter Schinken
- frisch gehobelter Parmesan oder anderer Hartkäse

1. Den Backofen auf 180°C (Gas Stufe 2) vorheizen.
2. Die Tomaten in eine Auflaufform geben, gehackten Rosmarin, Olivenöl, Knoblauchzehen, *Balsamico*, Weißweinessig und etwas schwarzen Pfeffer zugeben.
3. Die Hähnchenbrustfilets mit je einem kleinen Rosmarinzweig belegen und mit je einer Schinkenscheibe umwickeln, letztere mit einem Zahnstocher fixieren. So mit in die Auflaufform geben, dass die Seite mit dem Rosmarinzweig oben liegt.
4. 20–30 Min. im Backofen (Mitte) garen.
5. Aus dem Ofen nehmen und die Zahnstocher entfernen. Den Knoblauch herausfischen und aus der Schale in das Gericht drücken. Mit grob gemahlenem schwarzen Pfeffer und frisch gehobeltem Parmesan bestreuen.

Huhn in Tomaten-Kapern-Sauce

Tomaten-Kapern-Sauce:

1. 5 große feste Tomaten, entkernt und gehackt
2. 1 EL kleine Kapern
3. 1 kleine rote Zwiebel, fein gehackt
4. 1 Knoblauchzehe, fein gehackt oder in die Sauce gepresst
5. 2 TL frischer Thymian, fein gehackt
6. 2 TL frischer Oregano, frisch gehackt
7. ½ TL schwarzer Pfeffer

Alle Zutaten in einer Schüssel mischen und beiseite stellen.

Die Filets:

- 600 g Hähnchenbrustfilets
- 1–2 TL mildes Paprikapulver
- 1 TL getrockneter Thymian
- 1 TL getrockneter Oregano
- 1 Prise Chilipulver
- ½ TL gemahlener schwarzer Pfeffer
- 1 EL Olivenöl
- 1 EL Zitronensaft

1. Das Fleisch in ein großes Gefäß legen. Paprika, Thymian, Oregano, Chilipulver und den Pfeffer in einer kleinen Schüssel miteinander vermischen. Das Öl und den Zitronensaft einrühren. Mit der so entstandenen Paste das Fleisch bestreichen. Anschließend beiseite stellen.
2. Etwas Öl in einer Pfanne erhitzen und das Fleisch hineingeben. Bei großer Hitze auf jeder Seite braten, bis es gar ist. Dabei nur einmal wenden. Mit der Tomaten-Kapern-Sauce servieren.

Huhn in Tomaten-Basilikum-Sauce

- 600 g Hähnchenfilets aus der Keule, halbiert (oder Hähnchenbrustfilets, gedrittelt)
- 4 Scheiben Schinkenspeck, grob zerteilt
- 1 rote Zwiebel, in Ringen
- 2 EL Olivenöl
- 2–3 Knoblauchzehen, fein gehackt
- 1 Dose (425 ml) Polpa di Pomodori („Pizzatomaten“, „Tomatenstücke in eigenem Saft“)
- ½ TL getrockneter Basilikum
- ½ TL getrockneter Oregano
- 1 TL (brauner) Zucker
- 12 schwarze Oliven, entkernt
- frischer Basilikun, gehackt

1. 1 EL Olivenöl in einer Pfanne bei mittlerer Temperatur erhitzen und das Hähnchenfleisch darin von allen Seiten anbraten. Herausnehmen und beiseite stellen.
2. Die Temperatur erniedrigen und das restliche Öl in die Pfanne geben. Die Zwiebeln, den Schinkenspeck und den Knoblauch zufügen und etwa 5 Min. braten, bis der Speck braun ist.
3. Die Tomaten hineingeben und getrockneten Basilikum, Oregano und Zucker einrühren. Bei mittlerer Temperatur etwas einkochen lassen (etwa 4–5 Min. lang).
4. Das Fleisch zurück in die Pfanne geben und 10 Min. köcheln lassen. Dabei einmal wenden.
5. Die Oliven zugeben und erwärmen.
6. Mit dem frischen Basilikum bestreuen und servieren.

Gefüllte Hähnchenfilets mit Pesto

- 4 große Hähnchenbrustfilets (Sehr dicke Filets in Frischhaltefolie wickeln und mit einem Fleischklopfer, einer schweren Kasserolle oder einer Pfanne auf höchstens 2 cm Dicke flach klopfen.)
- 2 TL (Dijon-)Senf

- 4 Scheiben Mozzarella
- 8 Blätter frischer Basilikum
- Salz
- weißer Pfeffer
- 2–3 EL Olivenöl
- 125 g grüner oder roter Pesto

1. In jedes Filet vorsichtig in der Mitte mit einem spitzen scharfen Messer eine Tasche für die Füllung einschneiden. In jede Öffnung zunächst einmal je ½ TL Senf verteilen, dann je eine Scheibe Mozzarella und zwei Basilikumbläter stecken. Mit einem Zahnstocher schließen. Salzen und pfeffern.
2. Olivenöl in der Pfanne erhitzen und darin das Fleisch von allen Seiten goldbraun braten. Etwas Pesto darüber geben und heiß servieren.

Hähnchen mit grünem Pfeffer

- 600 g Hähnchenbrustfilets, grob gewürfelt
- 2 EL Olivenöl
- 20 g Butter
- 2 Knoblauchzehen, fein gehackt
- 1 große Möhre, geschält und gewürfelt
- 2 Stangen Staudensellerie, in dünne Scheiben geschnitten
- 3 EL Weißwein
- 2 EL Sahne
- ½ TL grüne Pfefferkörner, mit einem Löffel zerdrückt
- 2 Lorbeerblätter
- Salz
- schwarzer Pfeffer

1. Das Öl und die Butter in einem Topf erhitzen, die Fleischwürfel und den Knoblauch darin braten, bis das Fleisch braun wird.
2. Die Temperatur verringern und Möhre und Sellerie dazugeben. Gut umrühren, zudecken und 3 Min. garen.
3. Wein, Sahne, Pfefferkörner und Lorbeerblätter zufügen und alles zugedeckt mind. weitere 5 Min. garen. Mit Salz und Pfeffer abschmecken.

Hähnchen nach Tordesillas-Art

- 1,5 kg Hähnchenschlegel und -keulen
- 0,75 l natives Olivenöl
- 175 g Zwiebeln
- 50 g rohe Mandeln
- 50 g Weißbrot
- 3 Knoblauchzehen
- 2 Lorbeerblätter
- 1 Stängel frische glatte Petersilie
- 0,5 l Rancio-Wein[1] (falls vorhanden auch ungewollt – in Maßen – oxidierter Wein)
- 1,5 l Geflügelfond (Brühe)
- nach Belieben Croutons zum Garnieren
- nach Belieben Mandelscheiben zum Garnieren
- nach Belieben frische Petersilie zum Garnieren

1. Die Hähnchenteile in einer Pfanne goldbraun braten und beiseite stellen.
2. Die übrigen Zutaten außer dem Wein und der „Garnitur" in das gleiche Öl geben. Dünsten, dann zu Sauce pürieren. Beiseite stellen.
3. Die Hähnchenteile in einen Topf geben, den Wein angießen, auf niedriger Flamme etwas einkochen lassen. Die Sauce hinzugeben und mit dem Geflügelfond auffüllen, so dass die Hähnchenteile bedeckt sind. Weiter abgedeckt lassen, auf niedriger Flamme bis zum Aufkochen erhitzen.
4. Die Hähnchenteile mit Croutons, Mandeln und Petersilie garnieren und servieren.

[1]Mit dem Begriff *rancio* (span.: ranzig), werden in der Weinsprache Weine belegt, die aus heißen Weinbaugebieten stammen und die absichtlich einem oxidativen Ausbau bei gleichzeitiger Hitzeeinwirkung unterzogen wurden. Zu denen aus Rueda und Serrada siehe: http://www.vinoscastellanos.de/schwerpunkt/rueda-geschichte.html.

Hauptgerichte mit Kalb- oder Rindfleisch

Kalbfleisch La Mancha

- 4 Kalbsschnitzel (je etwa 180 g)
- Saft von ½ Zitrone
- Salz
- schwarzer Pfeffer, gemahlen
- 1 große Zwiebel
- 2 grüne Paprikaschoten (etwa 300 g)
- 2 mittelgroße Fleischtomaten (etwa 400 g)
- 3 Knoblauchzehen
- 4 EL Olivenöl
- 200 ml Fleischbrühe

1. Kalbsschnitzel beidseitig mit Zitronensaft beträufeln, salzen und pfeffern. Beiseite stellen und zugedeckt ziehen lassen.
2. Zwiebel schälen und fein hacken. Paprikaschoten putzen, waschen und in sehr kleine Würfel schneiden. Fleischtomaten überbrühen, häuten, vierteln. entkernen und den Stielansatz entfernen. Das Fruchtfleisch klein würfeln und mit der Zwiebel und den Paprika in eine Schüssel geben.
3. Knoblauch schälen und dazu pressen, das Gemüse mischen und mit Salz und Pfeffer kräftig würzen.
4. In einem breiten Topf oder Bräter die Hälfte des Gemüses verteilen. Mit etwas Olivenöl und Fleischbrühe begießen. Die Kalbsschnitzel dachziegelartig darauf legen. Mit dem restlichen Gemüse bedecken, dann mit dem restlichen Olivenöl und der

Fleischbrühe begießen. Zugedeckt bei schwacher Hitze etwa 40 Min. schmoren lassen. Mit weißem Landbrot servieren.

Bemerkung: Das Gericht lässt sich auch gut in einer Auflaufform im Backofen bei 180°C (Gas Stufe 2) zubereiten.

Kalbfleisch mit Mandelsauce

– für 6 Personen –

- 6 Kalbsschnitzel, flach geklopft
- 70 g Mehl
- ½ TL gemahlener weißer Pfeffer
- 30 g Butter
- 2 EL Olivenöl
- 5 EL frische weiße Brotkrumen (s. Hinweis)
- 150 g gemahlene Mandeln
- 1 Prise gemahlener Zimt
- 375 ml Geflügelbrühe (zur Not tut's auch Gemüsebrühe)
- 4 EL süßer Sherry
- 8 EL saure Sahne
- 100 g geröstete ganze oder gehackte Mandeln

1. Ungeschälte Mandeln in eine Schüssel geben und mit kochend heißem Wasser überbrühen. Nach 5 Min. herausnehmen und abtropfen lassen. Die Kerne können dann leicht aus der Haut herausgedrückt werden. Die ganzen (oder die fertig gekauften gehackten) Mandeln anschließend in einer kleinen beschichteten Pfanne goldbraun rösten.
2. Mehl und Pfeffer in einer Schüssel mischen. Das Fleisch in dem gewürzten Mehl wenden, überschüssiges Mehl abschütteln.

3. Butter und Öl in einer großen Pfanne erhitzen. Kalbfleisch hinzufügen. Bei mittlerer Hitze auf beiden Seiten 3 Min. braten, einmal wenden. Aus der Pfanne nehmen und auf Küchenpapier abtropfen lassen.
4. Brotkrumen in die Pfanne geben und bei mittlerer Hitze unter Rühren goldbraun werden lassen. Mandelmehl und Zimt einrühren. Brühe und Sherry unter Rühren allmählich zugeben. Bei mittlerer Hitze noch 2 Min. rühren, bis die Sauce kocht und eingedickt ist, die Sahne einrühren und noch 1 Min. kochen lassen, anschließend vom Herd nehmen.
5. Das Fleisch auf einem Teller anrichten, mit der Sauce begießen und mit gerösteten Mandeln bestreuen.

Bemerkung: Nehmen Sie keine altbackenen Brotkrumen, dies verdirbt den Geschmack und die Konsistenz der Sauce. Frische Brotkrumen erhält man, indem man Weißbrotscheiben entrindet und in der Küchenmaschine etwa 30 Sek. lang zerkleinert. Man kann das Brot auch auf einer groben Raspel reiben.

Kalbfleisch Sevillana

– für 6 Personen –

- 2 Fleischtomaten (etwa 300 g)
- 2 große Zwiebeln
- 1 Knoblauchzehe
- 800 g Kalbfleisch aus der Schulter, ohne Knochen
- Salz
- Schwarzer Pfeffer, gemahlen
- 2 EL Olivenöl
- ¼ l trockener Weißwein
- 125 ml Fleischbrühe
- 1 Zimtstange
- 40 g Mandelstifte (ersatzweise gehackte Mandeln)

- 100 g grüne Oliven, entsteint

1. Den Backofen auf 200°C (Gas Stufe 3) vorheizen.
2. Tomaten überbrühen, häuten, quer halbieren, entkernen, Stiel entfernen und das Fruchtfleisch grob hacken.
3. Zwiebeln schälen und fein hacken. Knoblauchzehe schälen und längs halbieren.
4. Fleisch waschen, trocken tupfen und rundum mit Salz und Pfeffer einreiben.
5. Olivenöl in einem Bräter erhitzen und das Fleisch darin bei starker Hitze rundum anbraten. Die gehackten Zwiebel und den Knoblauch um das Fleisch streuen und goldgelb werden lassen.
6. Mit Weißwein ablöschen und etwas einkochen lassen. Fleischbrühe und die gehackten Tomaten dazu geben, salzen, pfeffern und die Zimtstange hinein legen. Den Bräter verschließen und den Braten im vorgeheizten Backofen (Mitte) 1 Std. garen.
7. Mandelstifte etwa 10 Min. vor Ende der Garzeit in einer beschichteten Pfanne goldbraun rösten.
8. Den Braten aus dem Ofen nehmen und warm stellen. Die Zimtstange entfernen, Mandelstifte und Oliven in die Sauce geben, etwa 5 Min. köcheln lassen und abschmecken. Das Fleisch in Scheiben schneiden, mit der Sauce anrichten. Als Beilage ist Safranreis zu empfehlen.

Rolata di vitello – Kalbsrollbraten

- 500 g Kalbsbrust ohne Knochen
- 100 g Schinken (möglichst luftgetrocknet) mit Fettrand, in Scheiben geschnitten
- 1 EL fein gehackter frischer Rosmarin
- 3 frische Salbeiblätter, fein gehackt
- 2 Knoblauchzehen, fein gehackt
- Salz
- weißer Pfeffer
- 60 g Butter
- 200 ml trockener Weißwein
- etwas heiße Rinder- oder Gemüsebrühe

1. Die Kalbsbrust vorsichtig auf 1 cm Dicke flach klopfen. Dabei behutsam vorgehen, damit das Gewebe nicht reißt.
2. Das Fleisch mit den Schinkenscheiben belegen und Rosmarin, Salbei und Knolauch darauf verteilen. Mit Salz und Pfeffer würzen.
3. Die Kalbsbrust vorsichtig aufrollen und mit Küchengarn zusammenbinden. Die Außenseite ***nicht*** salzen!
4. Die Butter in einem großen Bräter zerlassen und solange erhitzen, bis sie nicht mehr schäumt. Das Fleisch hineinlegen und bei großer Hitze in 6–7 Min. braun braten.
5. Etwa 70 ml Wein dazu gießen und den Braten zugedeckt bei mittlerer Hitze schmoren, dabei häufig wenden. Sobald die Flüssigkeit stärker eingekocht ist, Wein nachgießen. Ist der Wein aufgebraucht, ggf. noch etwas Brühe nachgießen.
6. Nach 45 Min. den Herd ausschalten und den Braten noch 6–8 Min. nachgaren lassen.
7. Das Küchengarn entfernen und das Fleisch in 1 cm dicke Scheiben schneiden.

Stifatho

- 7 EL Butter
- 1 EL Olivenöl
- 1 große Zwiebel, gehackt
- 2 Knoblauchzehen, sehr fein gehackt
- 700 g magerer Rindergulasch
- 1 kleine Dose Tomatenmark
- 375 ml kräftiger trockener Rotwein
- 1 EL Weinessig
- 1 großes Lorbeerblatt
- etwa ½ TL gemahlenen Kreuzkümmel
- etwa ½ TL Zimt
- Salz
- ¼ TL schwarzer Pfeffer
- 700 g kleine (weiße) Zwiebeln (Perlzwiebeln wären ideal, sind aber schwer zu bekommen. Erfahrungsgemäß tun es besonders kleine normale Zwiebeln.)

1. 3 EL Butter und das Olivenöl in einem großen Topf bei mittlerer Hitze erhitzen. Die gehackte Zwiebel, den Knoblauch und die Fleischwürfel dazu geben und das Fleisch auf allen Seiten gut anbräunen. Das Tomatenmark hinzu fügen und einige Minuten alles verrühren. Den Wein und gerade so viel Wasser zugießen, dass die Fleischwürfel knapp bedeckt sind. Essig, Lorbeerblatt, Kreuzkümmel, Zimt, 1½ TL Salz und Pfeffer dazu geben. Durch Umrühren gut vermischen, aufkochen lassen, dann die Hitze so reduzieren, dass das Gericht nur noch schwach köchelt. Den Deckel auflegen.
2. Die kleinen Zwiebeln ungeschält wenige Minuten in sehr heißes Wasser legen und dann erst schälen. Geschälte Zwiebeln in Salzwasser (1 TL Salz auf 1 l Wasser) 3 Minuten in einem geschlossenen Topf kochen. Das Wasser abgießen, die Zwiebel abschrecken und gut abtropfen lassen. (Dadurch bekommen die Zwiebeln einen leicht süßlichen Geschmack.)
3. Die restliche Butter in einer Pfanne zerlaufen lassen, dann die Zwiebeln bei mittlerer Hitze anbräunen und beiseite stellen.
4. Das Fleisch überprüfen. Es darf nur ganz schwach köcheln. Die Garzeit beträgt mind. 2 Std. Ist das Fleisch gar und weich, die angebratenen Zwiebelchen dazu geben. Zudecken und bei milder Hitze etwa 30 Min. weiter köcheln lassen, bis die Zwiebelchen weich sind. Den Topf während dieser Zeit einige Male vorsichtig schütteln, aber ***auf keinen Fall*** umrühren, weil die Zwiebelchen sonst beschädigt werden könnten.

Estofado de carne de toro – Navarresischer Rinderschmorbraten

– für 6 Personen –

- 1 kg Rindfleisch aus der Keule (möglicherweise gleich als mageres Gulasch gekauft)
- 200 ml Olivenöl
- 3 Zwiebeln, gehackt
- 5 Knoblauchzehen, gehackt
- Salz
- schwarzer Pfeffer
- 2 EL Mehl
- 3 Möhren, in Würfel geschnitten
- 250 ml kräftiger, trockener Rotwein
- 3 EL Weinessig

- 2 Lorbeerblätter
- 2 Nelken
- 2 scharfe rote Chili-Schoten, entkernt und gehackt
- 1 l Rinderbrühe
- 1 Msp Zimt
- 2 EL gehackte glatte Petersilie

1. Fleisch waschen, trocken tupfen und – soweit nicht gleich als Gulasch gekauft – in mundgerechte Würfel schneiden.
2. In einem großen Topf das Olivenöl erhitzen und das Fleisch darin scharf von allen Seiten anbraten.
3. Zwiebeln und Knoblauch hinzu geben und kurz mitbraten. Mit Salz und Pfeffer würzen und mit dem Mehl bestäuben. Möhren untermischen, mit Rotwein und Essig ablöschen. Lorbeerblätter, Nelken und Chili beigeben und die Rinderbrühe angießen. Zum Kochen bringen und zugedeckt bei kleiner Hitze mindestens 2 Std. köcheln lassen, dabei von Zeit zu Zeit umrühren.
4. Vor dem Servieren mit Zimt, Salz und Pfeffer abschmecken und die gehackte Petersilie unterrühren.

Brasato al Barolo – Rinderschmorbraten in Barolo

– für 5–6 Personen –

- 1 kg Rindfleisch aus Kamm, Brust oder Keule
- 2 Scheiben Speck, 1 cm dick
- schwarzer Pfeffer, frisch gemahlen
- 1–2 EL Mehl
- 3 EL Butter
- 3 EL Olivenöl
- ½ EL fein gehackter frischer Rosmarin
- 4 frische Salbeiblätter, fein gehackt
- 1 Knoblauchzehe, fein gehackt

- 1 TL fein gehackte glatte Petersilie
- 1 mittelgroße Zwiebel, grob gehackt
- 1 mittelgroße Möhre, grob geraspelt
- 1 Stange Staudensellerie, geputzt, gewaschen, in kleine Stücke geschnitten
- 2 Lorbeerblätter
- 1–2 Nelken
- geriebene Muskatnuss
- 0,75 l Barolo (oder ein anderer guter, trockener Rotwein)

1. Das Fleisch (mithilfe einer Spicknadel) mit dem Speck spicken. Rundum mit Salz und Pfeffer würzen und mit dem Mehl bestäuben.
2. In einem Schmortopf, der gerade groß genug für den Braten sein sollte, die Butter mit dem Öl zerlassen. Wenn das Fett zu zischen beginnt, das Fleisch hineinlegen und rundum braun anbraten. Den Braten aus dem Topf nehmen und beiseite stellen.
3. Rosmarin, Salbei, Knoblauch, Petersilie, Zwiebel, Möhre und Sellerie in den Bratensud geben. Bei mittlerer Hitze fünf Min. dünsten.
4. Das Fleisch mit den Lorbeerblättern, den Nelken, einer Prise Muskat und 2–3 EL kochendem Wasser in den Schmortopf geben und 1 Min. erhitzen.
5. Mit 250 ml Rotwein ablöschen. Zugedeckt bei schwacher Hitze schmoren. Sobald die Flüssigkeit stark eingekocht ist (nach etwa 40 Min.), den restlichen Wein dazugießen und zugedeckt weitere 3 Std. schmoren. Den Braten ab und zu wenden. Mit einem dünnen Metallspieß den Gartest machen: Das Fleisch ist gar, wenn es sehr mürbe ist, der Spieß also leicht eindringen kann.
6. Lorbeerblätter und Nelken entfernen, das Fleisch heraus nehmen und warm stellen.
7. Den Bratensaft ggf. mit Salz abschmecken und alles durch ein Sieb geben. Das Gemüse durch das Sieb streichen (oder in einer Küchenmaschine zu einer glatten Sauce pürieren).
8. Den Braten in knapp 1 cm dicke Scheiben schneiden, auf einer vorgewärmten Platte anrichten und mit der Sauce übergießen. Heiß servieren!

Boeuf à l'étoufée – Rinderragout auf provenzalische Art

– für 5–6 Personen –

- 1 kg Rindfleisch (bzw. magerer Rindergulasch)
- 200 g durchwachsener Speck, gewürfelt
- 4 EL Olivenöl
- 3–4 geviertelte Zwiebel
- 4 EL Mehl
- 750 ml Weißwein
- 1 Glas (200 ml) Wasser
- 1 Lorbeerblatt
- 1 Zweig Thymian
- 1 Zweig Rosmarin
- 1 Zweig Oregano
- 4 geschälte, entkernte und geviertelte Tomaten
- 1–2 Handvoll entkernte schwarze Oliven
- gehackte glatte Petersilie

1. In einem Bräter das Olivenöl erhitzen und den Speck darin anbraten. Ist er goldbraun, herausnehmen und anschließend das Rindfleisch mit den Zwiebeln im selben Topf anbraten.
2. Anschließend das Fleisch mit Mehl bestäuben und den Weißwein und ein Glas Wasser dazugießen. Salzen und Pfeffern, die Knoblauchzehen und die Kräuter hinzugeben, den Topf zudecken und bei schwacher Hitze alles etwa zwei Stunden lang schmoren lassen.
3. Die Kräuter herausnehmen und die Tomaten, die Oliven und den angebratenen Speck dazu geben. Den Topf wieder zudecken und das Gericht bei geringer Hitze eine Stunde weiterschmoren lassen.
4. Vor dem Anrichten mit der gehackten Petersilie bestreuen.

Korinthische Rindfleischkasserolle

- (etwa) 4 EL Mehl
- 700 g magerer Rindergulasch
- 125 mg durchwachsener Speck, gewürfelt
- 1 Knoblauchzehe, fein gehackt

- 125 ml konzentrierte Rinderbrühe (Brühwürfel in einem Vietrel der üblichen Menge Wasser aufgelöst)
- 125 ml kräftiger trockener Rotwein
- ½ TL Salz
- 3 Möhren, geschält und gewürfelt
- 6 kleine Zwiebel, entweder ganz oder in drei bis 4 Scheiben geschnitten
- 6 Pimentkörner
- 2 Lorbeerblätter

1. Backofen auf 150°C (Gas Stufe 1) vorheizen.
2. Das Mehl in eine Plastiktüte schütten. Mehrere Fleischwürfel hinzugeben, schütteln, heruasnehmen und auf einen großen Teller geben. Auf diese Art nach und nach das Fleisch vollständig bestäuben.
3. Den Speck in einem Bräter anbräunen, dabei nicht zu knusprig werden lassen. Herausnehmen und beiseite stellen. In das speckfett den Knoblauch geben.
4. Die Hälfte der Fleischwürfel hinzugeben und auf allen Seiten gut anbräunen. Herausnehmen und auf einen sauberen Teller legen. Die Prozedur mit der anderen Hälfte der Fleischwürfel wiederholen.
5. Nachdem die zweite Hälfte der Fleischwürfel angebräunt ist, die erste wieder mit in die Pfanne geben, Brühe, Wein und Salz dazu fügen und aufkochen lassen.
6. Die Mischung in eine 2 l Flüssigkeit fassende Kasserolle geben. Karotten, Zwiebeln, Pimentkörner, Nelken, Lorbeerblätter und die Speckwürfel dazu geben. die Kasserolle zu decken und im Backofen (Mitte) 2 Std. schmoren lassen. Danach umrühren und weitere 30 Min. schmoren lassen.

Rinderragout mit Feigen

- 1 mittelgroße Zwiebel, fein gehackt
- 2 Möhren, in kleinen Würfeln
- 4 Knoblauchzehen, in feine Scheiben geschnitten
- 100 g durchwachsener Speck, gewürfelt
- 800 g magerer Rindergulasch
- 2 EL Olivenöl

- Salz
- schwarzer Pfeffer
- 2 Lorbeerblätter
- 1 Zweig frischer oder 1 TL getrockneter Thymian
- 1 TL Pimentkörner
- 2 Nelken
- 2 EL Sherry-Essig
- ¼ l kräftiger trockener Rotwein (empfohlen: Rioja)
- mindestens ¼ l Fleischbrühe
- 1 Bund glatte Petersilie
- 100 g getrocknete Feigen

1. Olivenöl in einem Topf erhitzen und das Fleisch bei starker Hitze (ggf. portionsweise) darin anbraten, salzen, pfeffern und wieder herausnehmen.
2. Speck im verbliebenen Bratfett anbraten. Zwiebel, Möhren und Knoblauch dazu geben.
3. Fleisch untermischen. Lorbeerblätter, Thymian, Pimentkörner, Nelken und 1 Prise Salz hinzufügen. Mit Sherry-Essig und Rotwein ablöschen und die Fleischbrühe dazu gießen, so dass das Fleisch knapp von Flüssigkeit bedeckt ist. Alles langsam aufkochen lassen und zugedeckt bei schwacher Hitze mindestens 1 Std. garen.
4. Die Petersilie waschen und trocken schütteln; Blätter abzupfen und nicht zu fein hacken. Die Feigen vierteln.
5. Etwa 10 Min. vor Ende der Garzeit Lorbeerblätter und Nelken aus dem Topf herausnehmen und dafür Petersilie und Feigen untermischen.

Andalusisches Rinderragout

- 1 Knoblauchknolle
- 800 g magerer Rindergulasch
- 1 große grüne Paprikaschote, in Streifen geschnitten
- 2 Fleischtomaten (etwa 300 g), enthäutet und geachtelt
- 2 große Zwiebeln, in halbe Ringe geschnitten

- 2 mittelgroße Möhren (etwa 200 g), geschält und in Scheiben geschnitten
- 2 TL Piment- oder schwarze Pfefferkörner
- 1 Döschen Safran (0,2 g)
- ½ TL Zimt
- 3 EL Olivenöl
- 2 Lorbeerblätter
- 125 ml Weißwein
- 1 Bund glatte Petersilie, die Blätter fein gehackt
- Salz
- schwarzer Pfeffer
- 4 Kartoffeln, mehlig kochend (etwa 500 g) oder eine Tube Tomatenmark

1. Backofen auf 200°C (Gas Stufe 2) vorheizen.
2. Zwei Zehen von der Knoblauchknolle entfernen, den Rest der Knolle für etwa 20 Min. im Backofen (Mitte) auf dem Rost röten.
3. Fleischwürfel mit dem Gemüse (einschl. der Zwiebel) in einen Topf füllen und umrühren. Die beiden nicht gerösteten Knoblauchzehen schälen und mit den Piment- oder Pfefferkörnern in einem Mörser zerkleinern, Safran und Zimt dazu geben. Den gerösteten Knoblauch aus der Schale dazu drücken, salzen und alles zu einer Paste verrühren.
4. Zusammen mit 100 ml Wasser, Olivenöl und Lorbeerblättern in den Topf geben. Weißwein dazu geben, Topf zudecken und alles bei schwacher Hitze etwa 1½ Std. köcheln lassen.
5. Bei Verwendung von Kartoffeln diese schälen und in ebenso große Würfel wie das Fleisch schneiden. Etwa 20 Min. vor ende der Garzeit die Kartoffeln oder das Tomatenmark unter das Ragout mischen.
6. Am Ende der Garzeit die Petersilie untermischen.

Apfelragout

- 600 g magerer Rindergulasch
- 2 EL Olivenöl
- 250 ml Rinderbrühe

- 250 ml Apfelwein (herb)
- 1 Lorbeerblatt
- 1 Knoblauchzehe, fein gehackt
- 250 g rote Zwiebeln, geviertelt
- 250 g Möhren, geschält und in dicken Scheiben oder Stücken
- 500 g Äpfel, ungeschält, entkernt und gewürfelt (am besten sind Sorten mit viel Fruchtsäure wie Boskop oder Cox Orange geeignet)
- 2–3 Zweige Majoran oder Oregano, gehackt
- 1 EL Honig
- ½ Becher Schmand
- Salz
- schwarzer Pfeffer

1. Die Fleischwürfel im Öl von allen Seiten braun anbraten.
2. Mit dem Apfelwein und der Rinderbrühe ablöschen, Lorbeerblatt und Knoblauchzehe hinzufügen, aufkochen lassen und zugedeckt 60 Min. bei niedriger Hitze schmoren lassen.
3. Mit Salz und Pfeffer würzen. Dann die Zwiebeln und die Möhren hinzufügen.
4. Weitere 30 Min. schmoren lassen. Nach 20 Min. die Äpfel dazu geben.
5. Mit Majoran oder Oregano und dem Honig abschmecken, den Schmand unterziehen. Ggf. noch etwas eindicken lassen.

Rinderragout auf Sevillaner Art

- 1 große Zwiebel, gehackt
- 1 kleine Stange Lauch, in feinen Ringen
- 1 große Möhre, geschält und klein gewürfelt
- 1 Stück (etwa 100 g) Sellerieknolle, geschält und klein gehackt
  (Sie haben sicher schon bemerkt, dass wir es bislang mit dem klassischen Suppengrün zu tun haben.)
- 4 Knoblauchzehen, geschält
- 5 EL Olivenöl

- 800 g magerer Rindergulasch
- 2 EL Tomatenmark
- 250 ml trockener Rotwein
- 400 ml Rinderbrühe
- 2 Lorbeerblätter
- 1 Zweig Thymian
- 3 Gewürznelken
- Salz
- schwarzer Pfeffer
- 40 ml trockener Sherry Fino

1. Den Backofen auf 150°C (Gas Stufe 1) vorheizen.
2. Olivenöl in einem Bräter erhitzen und das Rindfleisch darin von allen Seiten bei großer Hitze rundum braun anbraten.
3. Das Gemüse mit dem Knoblauch untermischen und kurz mitbraten. Tomatenmark unterrühren (geht einfacher, wenn man es im Rotwein oder der Brühe auflöst und dann erst im nächsten Schritt hinzufügt).
4. Mit Rotwein ablöschen und Fleischbrühe aufgießen. Lorbeerblätter, Thymian und Nelken dazugeben, salzen und pfeffern.
5. Den Bräter zugedeckt in den Backofen (Mitte) stellen und das Ragout etwa 2–2½ Std. schmoren lassen.
6. Fleisch aus dem Bräter nehmen und warm stellen. Die Sauce durch ein feines Sieb geben, Sherry dazu geben und im offenen Topf zur gewünschten Konsistenz eindicken. Mit Salz und Pfeffer abschmecken und das Fleisch wieder in die Sauce geben.

Rindfleisch mit Kichererbsen

- 100 g getrocknete Kichererbsen
- 600 g magerer Rindergulasch
- 2–3 rote Zwiebeln, gehackt
- 1 Knoblauchzehe, fein gehackt
- 60 g Butter
- weißer Pfeffer

- ½ TL gemahlener Kreuzkümmel
- 1 Msp gemahlener Piment
- 1 Msp Zimt
- Salz
- etwa ½–¾ l Rinderbrühe
- 250 g Langkornreis (vorzugsweise Basmati-Reis)

1. Die Kichererbsen über Nacht in ¾ l Wasser einweichen.
2. Die Butter erhitzen und das Fleisch darin von allen Seiten anbraten.
3. Zwiebeln und Knoblauch dazugeben und alles einige Min. weiterbraten lassen.
4. Die Kichererbsen mitsamt der Einweichflüssigkeit dazugeben. Mit Pfeffer, Kreuzkümmel, Piment und Zimt würzen.
5. Zugedeckt bei kleiner Hitze je nach Größe der Fleischstücke 1½–2 Std. leise köchelnd garen lassen.
6. Den gewaschenen Reis und die Brühe dazugeben und solange weiter köcheln lassen, bis der Reis gar ist (das sollte etwa 10–15 Min. dauern).
7. Vom Herd nehmen und 5 Min. ruhen lassen.

Carbonade della Val d'Aosta (Rindergeschnetzeltes nach Art des Aosta-Tals)

- 625 g mageres Rindergeschnetzeltes
- 2 EL Mehl
- 60 g Butter
- 2 große Zwiebeln, in Ringe geschnitten
- 400 ml kräftiger, trockener Rotwein
- Salz
- schwarzer Pfeffer

1. Das Rindfleisch in Mehl wenden.

2. Die Butter in einem Schmortopf zerlassen. Das Fleisch dazu geben und 2 Min. bei relativ großer Hitze braun anbraten. Das Fleisch mit einem Schaumlöffel herausnehmen und beiseite stellen.
3. Die Zwiebeln in den Topf geben und bei mittlerer Hitze braten, bis sie weich und leicht gebräunt sind. Das Fleisch wieder dazu geben, unterrühren und mit Salz und Pfeffer würzen. Mit 100 ml Wein ablöschen. Bei schwacher Hitze ohne Deckel 40–45 Min. köcheln lassen, regelmäßig Wein nachgießen. Das Geschnetzelte ist fertig, wenn die Zwiebel sehr weich sind und sich reichlich sämige, dunkle Sauce gebildet hat. Heiß servieren.

Rindsrouladen in Rotwein

- 8 Rindrouladen
- 4 EL fein gehackte glatte Petersilie
- 4 Knoblauchzehen, fein gehackt
- 125 g durchwachsener Speck, gewürfelt
- abgeriebene Schale von ½ kleinen Orange (wie oben beim **Reis à la Valencia** bereits erwähnt, kann man diese Zutat durch fertig mit etwas Zucker gemischte Orangenschale, die man vor allem im Winter bei den Backzutaten findet, ersetzen)
- 2 EL Olivenöl
- 300 ml kräftiger trockener Rotwein
- 1 Lorbeerblatt
- 1 TL (brauner) Zucker
- 60 g entkernte schwarze Oliven, abgetropft
- Salz
- gemahlener Piment

1. Falls noch nötig, Fett von den Rouladen entfernen und diese mit einem Fleischklopfer möglichst dünn klopfen (macht auf Anfrage auch schon die Bedienung beim Metzger).
2. Petersilie, Knoblauch, Speck, Orangenschale, Salz und Piment mischen. Jede Roulade gleichmäßig mit der Mischung bestreichen.
3. Rouladen fest einrollen und mit einem Zahnstocher zusammenstecken.
4. Öl in einer schweren Pfanne erhitzen, Fleisch 10 Min. lang von allen Seiten anbräunen. Rouladen aus der Pfanne nehmen und warm stellen.

5. Zuerst Wein, dann Lorbeerblatt, Zucker, Salz und Piment zum Pfannensud geben. Aufkochen und 5 Min. bei starker Hitze reduzieren.
6. Rouladen mit den Oliven zusammen in die Pfanne geben und 2 Min. mit erhitzen.
7. Lorbeerblatt und Zahnstocher entfernen. Rouladen und Fond in eine Schüssel geben und servieren.

Rindfleisch in Weinbrand

- 350 g Rinderschnitzel, in etwa 6 cm große Stücke geschnitten (Rinderschnitzel sollten nicht dicker als 5 mm sein. Der Metzger hilft einem da sicher gerne weiter.)
- ½ TL schwarzer Pfeffer
- 1½ EL Olivenöl
- 1 kleine Zwiebel, in Ringe geschnitten
- 1 Knoblauchzehe, in feine Scheiben geschnitten
- 125 ml Weinbrand
- 4 EL Hühner- oder Gemüsebrühe
- 4 EL Sahne oder Schmand

1. Rinderschnitzel rundum mit schwarzem Pfeffer bestreuen.
2. 1 EL Olivenöl in einer Pfanne erhitzen. Fleisch portionsweise hineingeben und bei starker Hitze 20 Sek. von jeder Seite bräunen. Anschließend aus der Pfanne nehmen und auf einen tiefen Teller legen.
3. Hitze reduzieren und bei Bedarf das restliche Öl hinzugeben. Zwiebel hineingeben und bei mittlerer Hitze unter Rühren 1–2 Min. dünsten. Knoblauch hinzugeben und unter Rühren 1 Min. mit dünsten. Hitze wieder erhöhen, den Weinbrand in die Pfanne gießen und etwa 1 Min. kochen, bis die Flüssigkeit gut eingekocht und der Alkohol verdampft ist.
4. Brühe und Sahne oder Schmand einrühren und 1 Min. weiter köcheln lassen. Mit Salz abschmecken.
5. Fleisch und den gesamten Fleischsaft wieder in die Pfanne geben und etwa 30 Sek. lang in die Sauce einrühren, dabei erneut erhitzen. Heiß servieren.

> Wer mag, kann den Weinbrand durch Whiskey ersetzen.

Normannischer Rinderbraten

Dieses Gericht habe ich bei einer Bekannten kennen gelernt, die ebenfalls leidenschaftlich gerne (und gut) kocht. Es hat mir so gut geschmeckt, dass ich sie gleich nach dem Rezept gefragt habe.

- 1,5 kg Rinderbraten
- 4–5 mittelgroße Zwiebeln, gewürfelt
- 1 l Apfelsaft herber Cidre
- Öl
- Salz
- Pfeffer
- Lorbeerblätter
- etwas Crème fraiche (oder Schmand)

1. Zwiebeln ganz leicht im Öl andünsten, dann den Braten darin scharf anbraten.
2. Salzen, pfeffern und die Lorbeerblätter hinzufügen, den Apfelsaft dazugießen und alles 1½-2 Std. schmoren lassen, gelegentlich wenden.
3. Braten herausnehmen und warm halten. Die Zwiebeln mit dem Pürierstab zerkleinern, Soße einkochen lassen und evtl. etwas andicken, dann Crème fraiche einrühren.

Als Deko empfehlen sich glasierte Apfelscheiben mit einer Kirsche darauf, die man aus einem Apfel, Butter, Zucker und (eingemachten) Kirschen in der Pfanne leicht selbst zubereiten kann.

> Wer mag, kann den Cidre durch Apfelsaft ersetzen und ggf. etwas Calvados zugießen.

Rindfleisch-Linsen-Frikadellen

- 300 g Rinderhack
- 150 g kleine rote Linsen

- 1 Scheibe Weißbrot, entrindet, zerkleinert und in etwas Milch eingeweicht
- bis zu 2 gehackte Schalotten (nach Wunsch)
- 2 gehackte Knoblauchzehen
- 100 g geriebener Käse (z. B. Emmentaler)
- 1 kleine Dose Tomatenmark
- ½–¾ TL Piment
- ½–¾ TL Zimt
- 1 getrocknete Chili-Schote, zerrieben
- Salz
- ½ Bund glatte Petersilie gehackt
- 200 ml trockener Rotwein oder 2 TL *Balsamico*-Essig

1. Die Linsen etwa 10 Min. lang in einer Mischung aus Rotwein und Wasser kochen, in einem Sieb abtropfen und anschließend in eine Rührschüssel geben. Alternativ kann man sie auch normal in Wasser kochen, sie aber stattdessen in der Schüssel mit zwei EL *Balsamico*-Essig verrühren. Anschließend erst einmal ein wenig abkühlen lassen
2. Die übrigen Zutaten hinzugeben und alles sorgfältig miteinander verrühren und abschmecken. Falls die Masse etwas zu trocken wird, ein wenig Milch hinzugeben.
3. Mit der Hand aus etwa einem EL Hackfleischmasse jeweils eine Frikadelle formen, diese dann in Olivenöl von allen Seiten braun braten.
4. Mit einer Tomatensauce und Reis oder Fladenbrot reichen. Dazu passt ein mediterraner Salat.

Tapilon – Geschmortes Rinderhack auf piemontesische Art

- 625 g mageres Rinderhack
- 60 g Butter
- 4 EL Olivenöl
- 2 große Knoblauchzehen, fein gehackt
- 1 EL frisch gehackter Rosmarin
- 300 ml kräftiger, trockener Rotwein
- 1 Lorbeerblatt

- Salz
- schwarzer Pfeffer

1. Die Butter mit dem Öl in einem Topf erhitzen, Knoblauch und Rosmarin hineingeben und 2 Min. bei mittlerer Hitze braten.
2. Das Hackfleisch hinzugeben und zerteilen. Das Fleisch unter ständigem Rühren 5–7 Min. braun anbraten, bis die austretende Flüssigkeit verdampft ist.
3. 150 ml Wein dazu gießen und das Lorbeerblatt hinzufügen. Bei schwacher Hitze 40 Min. köcheln lassen. Gelegentlich umrühren und nach und nach den restlichen Wein dazu gießen.
4. Das Lorbeerblatt entfernen und das Fleisch mit Salz und Pfeffer abschmecken. Heiß mit *polenta* oder Reis servieren.

Involtini di cavolo verzotto – Kleine Wirsingrouladen in Weißwein

- 1 Kopf Wirsing
- 75 g Toastbrot
- Milch zum Einweichen
- 500 g Rinderhack
- 2 EL gehackte, glatte Petersilie
- 1 Knoblauchzehe, gepresst
- 100 g frisch geriebener Parmesankäse
- Muskatnuss
- 5 EL Olivenöl
- 1 mittelgroße Zwiebel, fein gehackt
- 250 ml trockener Weißwein
- Salz
- frisch gemahlener schwarzer Pfeffer

1. Vom Wirsing die äußeren großen Blätter vorsichtig ablösen, in Salzwasser blanchieren, bis sie weich sind. In Eiswasser abschrecken, abtropfen lassen.

2. Das Brot entrinden und in kleine Würfel schneiden, mit Milch beträufeln und fünf Minuten einweichen. Mit der Hand leicht ausrücken.
3. Das Hackfleisch mit der Brotmasse, Petersilie, Knoblauch und Parmesan verkneten, mit Salz, Pfeffer und Muskat abschmecken.
4. Die großen Wirsingblätter halbieren, die Mittelrippe entfernen, bei den kleineren Blättern hingegen die Mittelrippe einfach außen flach abschneiden. Aus der Hackfleischmasse kleine Würstchen formen und diese fest in die Kohlblätter einwickeln, dabei von oberen Ende der Blätter zum unteren rollen, die Mittelrippe sollte außen liegen. Die Rouladen mit der Hand fest zusammen drücken, damit sie Halt bekommen.
5. Die Zwiebel in einem Schmortopf im Öl anschwitzen, die Hitze erhöhen, die Rouladen hinzugeben (fest aneinander drücken) und rundum anbraten.
6. Mit der Hälfte des Weins ablöschen, verdampfen lassen und den restlichen Wein dazu geben. Den Deckel aufsetzen und weitere 10–15 Min. schmoren lassen. Den Deckel abnehmen und die Flüssigkeit eindampfen lassen. Vor dem Auftragen fünf Minuten ruhen lassen.

Souzoukakia in Tomatensauce

Tomatensauce:

- 1 große Dose (800 ml) geschälte ganze Tomaten, zerdrückt
- 150 g Tomatenmark
- 1 TL getrockneter Basilikum
- 1 Knoblauchzehe, sehr fein gehackt
- 1 großes Lorbeerblatt
- ½ TL Salz
- 1 TL Zucker
- 5 Pimentkörner

Alle Zutaten in einem großen Topf vermengen. Zum Kochen bringen, dann die Hitze reduzieren und die Sauce eine Std. lang schwach köcheln lassen. In der Zwischenzeit die Souzoukakia zubereiten.

Souzoukakia

- 450 g mageres Rinderhack

- 2 Scheiben Weißbrot ohne Rinde
- 1 Glas Rot- oder Weißwein
- 1–2 EL gehackte glatte Petersilie
- 1 TL Salz
- ½ TL gemahlener Kreuzkümmel
- 1 Knoblauchzehe, sehr fein gehackt
- etwas Zimt
- 120 g Butter
- evtl. 1 Glas Retsina oder trockener Wermuth

1. Das Weißbrot im Wein einweichen, bis es alle Flüssigkeit aufgesaugt hat.
2. Rinderhack, Weißbrot, Petersilie, Salz, Kreuzkümmel, Knoblauch und Zimt in einer großen Schüssel sorgfältig miteinander verühren, bis sie püreeartig erscheint. Zugedeckt etwa 30 Min. ruhen lassen.
3. Die Butter in einer Pfanne zerlaufen lassen.
4. Zu kleinen Würstchen oder Rollen formen und in der heißen Butter braun braten. Evtl. das Glas Retsina oder Wermuth darüber gießen und verdampfen lassen.
5. Wenn die Würstchen fertig sind und die Tomatensauce – wie oben schon gesagt – 1 Std. lang geköchelt hat, die Würstchen mitsamt der Butter in die Sauce geben und alles zugedeckt weitere 30 Min. lang köcheln lassen.

Russischer Hackfleischtopf

- 2 große Zwiebeln, gehackt
- 1 EL Öl
- 1 EL Butter
- 500 g Rinderhack
- 1 Stange Lauch, in Streifen geschnitten
- 6 EL Tomatenmark
- 250 ml Rinderbrühe
- 1 EL mittelscharfer Senf
- 1 TL mildes Paprikapulver

- 1 TL Salz
- 250 ml saure Sahne

1. Zwiebel kurz in Öl und Butter dünsten.
2. Die Hitze erhöhen, das Hackfleisch dazu geben und unter ständigem Rühren mit einem Holzlöffel anbräunen.
3. Bei schwacher Hitze Lauch, Tomatenmark, Rinderbrühe, Senf und nach Geschmack die Gewürze zugeben.
4. Etwa 15 Min. bei schwacher Hitze dünsten, häufig umrühren.
5. Kurz vor dem Servieren mit der sauren Sahne übergießen.

Hacksteaks mit Mozarella und Tomaten

– für 6 Personen –

- ½ Scheibe Weißbrot ohne Rinde
- 3 EL Milch (3,5%)
- 750 g Rinderhack
- 1 Ei
- 50 g Paniermehl
- Öl zum Braten
- 2 große Fleischtomaten, in 6 Scheiben geschnitten
- 1 EL gehackter frischer Oregano
- 250 g Mozzarella, in sechs Scheiben
- 12 Anchovisfilets aus dem Salz, gewässert (s. u.)
- Salz
- schwarzer Pfeffer

1. Den Backofen auf 200°C (Gas Stufe 2–3) vorheizen.

2. Das Brot zerbröseln und in der Milch einlegen. Nach einer Weile mit der Gabel pürieren.
3. Das Hackfleisch mit der Brotmischung, dem Ei, Salz und und Pfeffer gründlich verkneten und zu sechs Frikadellen formen. Im Paniermehl wenden.
4. Die Frikadellen im Öl in der Pfanne von beiden Seiten braun braten und in eine offenfeste Schale (Auflaufform) legen.
5. Auf jedes Steak eine Tomatenscheibe legen, mit Salz, Pfeffer und Oregano würzen. Mit einer Scheibe Oregano bedecken, kreuzweise jeweils zwei Anchovisfilets darauf legen, mit Pfeffer und Oregano würzen.
6. Die Schale mit den Hacksteaks in den Backofen (Mitte) schieben und 10–15 Min. überbacken, bis der Käse geschmolzen ist. In der Form auf den Tisch bringen.

> Anchovisfilets sind hierzulande nicht so einfach zu bekommen und auch nicht so ganz billig. Ein guter Ersatz ist eingelegter, in Streifen geschnittener Paprika.

Hauptgerichte mit Schweinefleisch

Schweinefilet mit Olivenpaste

- 500 g mageres Schweinefilet
- 1 Bund frische Basilikumblätter
- 4 EL sog. „roter Pesto“ oder je 2 EL Paste aus sonnengetrockneten Tomaten und frisch geriebener Parmesan
- 8 dünne Scheiben Parmaschinken (luftgetrockneter Schinkenspeck ginge auch)
- 1 EL Olivenöl
- Salz und weißer Pfeffer

Olivenpaste:

- 125 g schwarze Oliven, entsteint
- 4 EL Olivenöl
- 2 Knoblauchzehen, geschält

1. Backofen auf 200°C vorheizen.
2. Falls nötig, Fett und Sehnen vom Schweinefilet entfernen. Vorsichtig der Länge nach einschneiden, aber nicht durchschneiden!
3. Filet öffnen und von innen salzen und pfeffern.
4. Die Öffnung mit Basilumblättern auslegen. Bei Verwendung von Parmesan und Tomatenpaste diese mischen. Diese Mischung oder den roten Pesto auf den Basilikumblättern verteilen.

5. Fleisch wieder zusammendrücken. Fest mit Schinkenscheiben umwickeln und dabei vollständig bedecken. Mit den Enden der Schinkenscheiben nach unten auf das Gitter einer Rostbratpfanne (oder ein mit Backpapier ausgelegten Backblech) setzen und mit Olivenöl bestreichen. Je nach Dicke 30–40 Min. weich braten. Herausnehmen und 10 Min. ruhen lassen.
6. Für die Olivenpaste alle Zutaten mit dem Küchenstab oder in der Küchenmaschine glatt rühren.
7. Gegartes Fleisch in knapp 1 cm dicke Scheiben schneiden und mit der Olivenpaste und Salat servieren. Als weitere Beilage passen Kartoffelecken, vor allem in einer mediterranen Geschmacksrichtung.

Schweinefilet in Schinken

Hierbei handelt es sich gewissermaßen um die spanische Variante des Rezepts zuvor.

- 1 kg Schweinefilet
- Salz
- Schwarzer Pfeffer, gemahlen
- 1–2 TL mildes Paprikapulver
- 250 g Serranoschinken (oder anderer luftgetrockneter Schinken) in nicht zu dünnen Scheiben
- 500 g Perlzwiebeln (ersatzweise Schalotten)
- 2 EL Olivenöl
- 100 ml trockener Sherry Fino
- 250 ml Fleischbrühe

1. Backofen auf 200°C (Gas Stufe 3) vorheizen.
2. Fleisch abspülen, trocken tupfen und mit Salz, Pfeffer und Paprikapulver würzen.
3. Die Hälfte der Schinkenscheiben nebeneinander legen und das Schweinefilet darauf setzen, die restlichen Schinkenscheiben darauf legen und das Fleisch darin einhüllen, mit Küchenzwirn festbinden.
4. Perlzwiebeln (oder Schalotten) schälen.
5. Olivenöl in einem Bräter erhitzen und das Fleisch darin bei starker Hitze darin rundum kräftig anbraten. Zwiebeln dazu geben und bräunen lassen. Mit Sherry ablöschen und Fleischbrühe dazu geben.

6. Den Backofen auf 180°C herunterschalten (Gas Stufe 2), den Bräter mit dem Braten in die Mitte stellen und etwa 1 Std. garen, dabei immer wieder mit der Sauce bepinseln.
7. Braten herausnehmen, in Scheiben schneiden, mit den Zwiebeln anrichten und warm stellen. Die Sauce aufkochen, abschmecken, dazu reichen.

Schweinefilet Malaga

- 2 EL Olivenöl
- 800 g Schweinefilet
- Salz
- schwarzer Pfeffer, möglichst frisch gemahlen
- 200 ml Malaga (oder anderer Süßwein)
- 100 ml Fleischbrühe
- 1 Stück Zimtstange
- 50 g Rosinen
- 100 g ganze Mandeln (am besten ungeschält)

1. Den Backofen auf 180°C vorheizen.
2. Olivenöl in einem Bräter erhitzen. Das Fleisch darin bei starker Hitze von allen Seiten anbraten, anschließend rundum salzen und pfeffern.
3. Mit Süßwein ablöschen und die Fleischbrühe dazu gießen. Zimtstange und Rosinen dazugeben. Den Bräter zudecken und in den vorgeheizten Backofen (Mitte) stellen. Den Braten etwa 1 Stunde garen.
4. Inzwischen Mandeln mit kochendem Wasser überbrühen und die Kerne aus den Schalen drücken. Die Mandeln trocken tupfen und in einer kleinen Pfanne ohne Fett goldgelb rösten. Die Hälfte davon mahlen.
5. Das Fleisch aus der Sauce nehmen und warm stellen. Gemahlene Mandeln in die Sauce rühren. Aufkochen, etwa 5 Min. im offenen Topf köcheln lassen und nochmals abschmecken. Den Braten in Scheiben schneiden, anrichten und mit der Sauce übergießen. Mit den gerösteten Mandeln bestreuen.

Schweinefilet mit Fenchel

- 2 × 1 TL Olivenöl
- 80 g durchwachsener Speck, gewürfelt
- 1,4 kg Schweinelende, ohne Fettrand
- 1 Becher frische weiße Brotkrumen
- ½ Fenchelknolle, fein gehackt
- 1 EL gehackte Kapern
- 2 EL frischer gehackter Schnittlauch
- 1 Ei, geschlagen
- 30 g Butter
- 8 EL süßer Sherry
- 8 EL Orangensaft
- 2 EL Rotweinessig
- 1 TL geriebene Orangenschale

1. Backofen auf 180° vorheizen.
2. 1 TL Öl in einer mittelgroßen Pfanne erhitzen und den Speck hinzufügen. Bei mittlerer Hitze knusprig braten, aus der Pfanne nehmen und auf Küchenpapier abtropfen lassen.
3. Falls noch nicht geschehen, die Fettschicht vom Schweinefilet abschneiden. Das Fleisch der Länge nach auf-, aber nicht durchschneiden. Aufklappen und mit der Hand glatt streichen.
4. Brotkrumen, den gebratenen Speck, Fenchel, Kapern und Schnittlauch in eine Schüssel geben, Ei hinzugeben und umrühren.
5. Masse in das aufgeschnittene Fleisch drücken. Fleisch zusammen klappen und mit einem Faden gut umwickeln.
6. Butter und den zweiten TL Öl in einer Pfanne erhitzen. Das Fleisch bei mittlerer Hitze kurz anbraten. Fleisch herausnehmen und in einem Bräter legen.
7. Zum Bratensatz in der Pfanne Sherry, Orangensaft, Rotwein und Orangenschale hinzugeben. Ohne Deckel 2 Minuten köcheln lassen. Über das Fleisch gießen. Dieses dann im Backofen 1½ Std. schmoren lassen.
8. Den Faden entfernen, das Fleisch in Scheiben schneiden und auf eine vorgewärmte Platte legen. Mit der Sauce begießen und servieren.

Schweinefilet mit Chorizo

- 600 g Schweinefilet, gewürfelt
- 6 Knoblauchzehen, grob gehackt
- 1 EL Blättchen frischer Oregano, klein gehackt
- 1 Lorbeerblatt
- Salz
- weißer Pfeffer
- 175 ml Wasser oder Rinderbrühe
- 200 g Chorizo in dünnen Scheiben
- 1 TL mildes Paprikapulver
- 50 g Schweineschmalz

1. Fleischwürfel in einen Schmortopf geben. Den Knoblauch, das Lorbeerblatt, den Oregano, Salz und Pfeffer zugeben. Das Wasser oder die Brühe hinzugeben und 10–15 Min. köcheln lassen.
2. Die Wurst, das Paprikapulver und das Schweineschmalz hinzugeben und alles einige Minuten weiter köcheln lassen, bis das Fleisch zart und die Flüssigkeit verkocht ist.
3. Temperatur erhöhen und das Fleisch im Bratfett rundherum braun braten und sofort servieren.

Schweinefilet mit „Torta del Casar"-Sauce

- 1 kg Schweinefilet (vorzugsweise vom iberischen Schwein)
- 100 ml natives Olivenöl
- weißer Pfeffer und Salz

Sauce:

- 100 g Lauch
- 1 Glas Brandy
- 1 Glas Weißwein

- 200 g *Torta del casar*[1]
- 200 ml flüssige Sahne
- 200 ml Fleischbrühe

1. Das Filet portionieren, mit Salz und Pfeffer würzen und auf beiden Seiten goldbraun anbraten. Vom Feuer nehmen und warmstellen.
2. Den in kleine Stücke geschnittenen Lauch im gleichen Öl andünsten und mit dem Brandy und Weißwein flambieren. Den Käse 'Torta del casar', Sahne und Fleischbrühe zugeben. Einige Minuten kochen lassen. Zuletzt die Sauce durch ein Sieb streichen.

Dazu passen frittierte Kartoffelecken und grüner Spargel.

Schweine-Kotelletts Aragon

- 800 g Kartoffeln, mehlig kochend
- 2 EL Olivenöl
- Salz
- schwarzer Pfeffer, möglichst frisch gemahlen
- 300 ml trockener Weißwein
- 4 Schweinekoteletts
- 50 g Mandeln, gehackt
- 4 Knoblauchzehen
- 1 Bund glatte Petersilie
- 2 hart gekochte Eier

[1] *Torta del Casar* ist ein spanischer Schafskäse mit fein würzigem Geschmack. Er stammt aus der autonomen Region Extremadura und ist nach dem Herkunftsort *Casar de Cáceres* benannt. Seine Herstellung wird über die Herkunftsbezeichnung (D. O.) Torta del Casar geschützt. Der Käse wird ausschließlich aus Milch von Merino- und Entrefino-Schafen hergestellt, die mit pflanzlichem Lab (aus der wilden Gemüseartischocke gewonnen) zur Gerinnung gebracht wird. Im Inneren ist der Käse weich bis flüssig und von sehr intensivem Geschmack. In eine *Torta del Casar* schneidet man zum Verzehr eine Öffnung in die sehr harte Schale und schöpft den Inhalt mit einem Löffel aus. *Torta del Casar* wird unter anderem als Beilage zu Schweinefleisch-Gerichten serviert. Nähere Informationen zur *Torta del Casar* finden Sie auf http://es.wikipedia.org/wiki/Torta_del_Casar (auf Spanisch; die deutsche und die englische Seite sind leider damit verglichen ***sehr*** dürftig an Informationen).

1. Backofen auf 200°C vorheizen.
2. Kartoffeln schälen, waschen und in etwas ½ cm dicke Scheiben schneiden. Auflaufform mit Öl auspinseln, Kartoffeln auf dem Boden der Form verteilen, salzen und pfeffern, Wein darüber gießen.
3. Koteletts beidseitig salzen und pfeffern. Auf das Kartoffelbett legen.
4. Mandeln ohne oder nur in ganz wenig Olivenöl rösten und in eine kleine Schüssel füllen. Knoblauch schälen und dazu pressen (oder fein hacken und hinzufügen). Petersilie waschen, trocken schütteln Blätter abzupfen, fein hacken und untermischen, salzen und pfeffern. Diese Mischung auf die Koteletts verteilen.
5. Die Form für etwa 45 Min. abgedeckt in den Backofen (Mitte) stellen. Die Kartoffeln sollten dann die Flüssigkeit aufgesogen haben.
6. Die Eier schälen und fein hacken. Die Form aus dem Backofen nehmen und die Koteletts mit den gehackten Eiern bestreuen.

Spezzatino di Maiale

„Spezzatino" bedeutet im Prinzip nur, dass es sich um in Würfel geschnittenes Fleisch handelt, und stammt von dem Verb „spezzetare" (zerstückeln) ab; vom gleichen Wort haben übrigens auch die schwäbischen Spätzle ihren Namen.

- 600 g mageres Schweinefleisch in Würfeln
- 1 Rosmarinzweig
- 5 Knoblauchzehen
- 2–3 EL Olivenöl
- Salz und Pfeffer
- 1 Chili-Schote
- 500 g reife Tomaten, entkernt und in Stücke geschnitten

1. Das gewürfelte Fleisch zusammen mit dem Knoblauch und dem Rosmarinzweig im Olivenöl anbraten. Salzen und pfeffern.
2. Sobald das Fleisch braun wird, die Chili-Schote und die Tomaten hinzugeben. Etwa 1 Std. schmoren lassen, ggf. etwas Wasser angießen.
3. Dazu Ciabatta oder anderes gewürztes Weißbrot reichen.

Schweinemedaillons mit Knoblauch

- 1 kg Schweinefilet, in Medaillons geschnitten
- Salz
- weißer Pfeffer
- Mehl
- 2–3 EL Olivenöl
- 4 Knoblauchzehen, fein gehackt
- 1 Zwiebel, in Scheiben
- 4 Tomaten, geschält und zerkleinert
- 1 Glas Weißwein
- ½ TL Zimt
- 2 hart gekochte Eier, fein gehackt
- 1 EL fein gehackte glatte Petersilie

1. Den Backofen auf 180°C (Gas Stufe 2) vorheizen.
2. Die Medaillons mit dem Handballen behutsam flach drücken, salzen, pfeffern und im Mehl wälzen. Die Scheiben im Öl auf beiden Seiten bräunen und wieder aus der Pfanne nehmen.
3. Den Knoblauch und die Zwiebel im selben Öl gar braten und dann die Tomaten dazu geben. Den Wein darüber gießen.
4. Das Fleisch in eine ofenfeste Kasserolle geben, die Sauce darüber gießen und über beides den Zimt streuen. Im Backofen (Mitte) etwa 30–45 Minuten garen (ggf. etwas Wein nachgießen).
5. Vor dem Auftragen das Ei und die Petersilie über das Gericht geben.

Schweinekoteletts in Salbei

- 2 EL Mehl
- 1 EL frischer Salbei, fein gehackt, oder 1 TL getrockneter Salbei
- 4 magere Schweinekoteletts, ohne Knochen und ohne Fettrand
- 2 EL Olivenöl
- 15 g Butter

- 2 rote Zwiebeln, in Ringen
- 1 EL Zitronensaft
- 2 TL (brauner) Zucker
- 4 reife Tomaten, geviertelt
- Salz
- weißer Pfeffer

1. Mehl, Salbei, Salz und Pfeffer in einem tiefen Teller mischen. Die Koteletts darin wenden.
2. Öl und Butter in einer Pfanne erhitzen, darin die Kotellets auf jeder Seite 4–7 Min. durchbraten.
3. Koteletts herausnehmen und warm stellen. Den Bratensatz in der Pfanne lassen,
4. Zwiebeln in die Pfanne geben, mit dem Zitronensaft mischen, Tomaten und Zucker zugeben und alles 5 Min. weich dünsten.
5. Koteletts mit dem Tomaten-Zwiebel-Gemüse und einem grünen Salat servieren.

Aletria con castillejas – Nudeln mit Schweinerippchen

- 250 g „Aletrías“ (dicke Suppennudeln)
- 400 g Schweinerippchen
- 1 Zwiebel, fein gehackt
- Salz und (weißer) Pfeffer
- reichlich Olivenöl
- 1½ reife Tomaten, gehäutet und gewürfelt
- ½ l Geflügelbrühe (oder einen entsprechenden Brühwürfel)
- eine Prise Zucker
- 50 g geriebener Käse (nach Geschmack eine kräftige oder weniger kräftige Sorte)
- 1 EL Butter

1. Die Nudeln 15 Minuten in reichlich Wasser mit einem Schuss Öl kochen. Danach das Wasser abschütten und die Nudeln (ohne Abspülen) zurückstellen.

2. Öl in eine Kasserolle (ideal wäre ein Tontopf) geben und erhitzen. Nun die gesalzenen und gepfefferten Rippchen und die fein gehackte Zwiebel dazugeben.
3. Während der Inhalt der Kasserole anbrät, die Tomaten mit einer Prise Zucker dazugeben. Auf kleiner Flamme 15 Minuten köcheln lassen. Danach mit Hühnerbrühe ablöschen und nach 3 Minuten die gekochten Nudeln dazugeben. Parallel dazu die Butter mit dem Käse vermischen. Diese Mischung in die Kasserolle geben, umrühren und weitere 3 Minuten kochen lassen.

Schweineschnitzel mit Gremolata

Die Gremolata:

- 3 EL fein gehackte glatte Petersilie
- die abgeriebene Schale einer ½ Zitrone und einer ganzen Limette
- 1 Knoblauchzehe, fein gehackt

Fleisch und Tomatensauce:

- 2 EL Olivenöl
- 4 magere Schweineschnitzel, Schweinesteaks oder eine entsprechende Menge Schweinemedaillons
- 1 mittelgrioße Zwiebel, fein gehackt
- 2 Knoblauchzehen, fein gehackt oder gepresst
- 2 EL Tomatenmark
- 1 Dose (425 ml) *Polpa di Pomodori* („Pizzatomaten“, „Tomatenstücke in eigenem Saft“ etc.; da gibt’s eine ganze Reihe teilweise, sagen wir einmal, recht interessanter Eindeutschungen)
- 150 ml Weißwein
- 1 Würzsträußchen, bestehend aus Petersilie, Lorbeerblatt und Thymian
- Salz
- schwarzer Pfeffer
- evtl. 6 Anchovis-Filets aus dem Salz, gewässert und fein gehackt

1. Das Fleisch in einem Schmortopf im Öl von allen Seiten braun anbraten und herausnehmen.

2. Die Zwiebel in den Topf geben und leicht anbräunen, den Knoblauch dazu geben und 1–2 Min. anschwitzen. Pizzatomaten, das im Weißwein aufgelöste Tomatenmark und das Würzsträußchen hinzu fügen, aufkochen und 3–4 Min. kräftig durch kochen, um die Flüssigkeit zu reduzieren und die Sauce anzudicken.
3. Das Fleisch zurück in den Topf geben und alles ca. 30 Min. sanft köcheln lassen. Evtl. nun die Anchovis hinzugeben, dann alles weitere 15 Min. garen, bis das Fleisch weich ist.
4. In der Zwischenzeit die Zutaten für die Gremolata mischen.
5. Das Fleisch aus dem Topf nehmen und warm stellen. Das Würzsträußchen entfernen. Falls nötig, die Sauce noch etwas eindicken. Mit Salz und Pfeffer abschmecken.
6. Das Fleisch zurück in die Sauce geben, mit der Gremolata bestreuen, weitere 5 Min. garen.

Schweinebraten mit Backpflaumen

- 1–1½ kg magerer Schweinebraten
- (Dijon-)Senf
- Olivenöl
- 2 Zweige Rosmarin
- 5 zerstoßene Wacholderbeeren
- 4 Knoblauchzehen, in dünne Scheiben geschnitten
- 3–4 getrocknete Steinplize (oder andere getrocknete aromatische Pilze)
- 4 Schalotten, gehackt
- 2 Stangen Staudensellerie, in dünnen, halbierten Scheiben
- 10 Backpflaumen, fein gehackt (sollten sie sich als arg zäh erweisen, vorher einweichen)
- 2 kleine reife Tomaten, geschält, entkernt und gewürfelt
- Rotwein
- 1 Schuss (2–3 EL) Marsala (oder süßer Sherry)
- Salz
- schwarzer Pfeffer

1. Den Backofen auf 180°C (Gas Stufe 2–3) vorheizen.

2. Den Schweinebraten mit Senf bestreichen.
3. Etwa 2 EL Olivenöl in einem ofenfesten Topf erhitzen und den Braten von allen Seiten anbraten. Rosmarin, Wacholderbeeren und Knoblauchzehen dazugeben.
4. Den Topf in den Ofen schieben und etwa 1½–2 Std. schmoren lassen (die Faustregel ist: 1 Minute pro 15 g Masse).
5. In der Zwischenzeit die getrockneten Steinpilze 10 Min. in etwas warmem Wasser einweichen lassen (die Einweichzeit kann bei anderen Pilzarten variieren; Näheres sollte auf der Packung stehen). Abtropfen lassen (das Einweichwasser nicht wegschütten!) und klein hacken.
6. 10 Min., bevor das Fleisch gar ist, die Schalotten in einem Topf mit 1 EL Öl andünsten, den Staudensellerie dazugeben und einige Min. anschmoren.
7. Die Backpflaumen, Tomaten, Pilze und das verbliebene Einweichwasser zugeben und alles bei mittlere Hitze 5 Min. kochen lassen.
8. Derweil das Fleisch aus der Kasserolle nehmen und 10 bis 15 Min. ruhen lassen.
9. Das verbliebene Fett aus dem Bratentopf abgießen. Diesen mit ein wenig Rotwein ausschwenken und die Flüssigkeit 1–2 Min. aufkochen lassen. Zur Pflaumensauce gießen. Abschmecken, einen Schuss Marsala dazugeben und 1–2 Min. kochen lassen.
10. Den Schweinebraten aufschneiden und mit der Sauce servieren.

Schweinehackbällchen mit Datteln und Mandeln

- 150 g gegarter Reis
- 500 g Schweinehack
- 1 Ei
- 20 g gehackte oder gestiftelte geröstete Mandeln
- Salz
- weißer Pfeffer
- 125 g Datteln, entkernt und klein gewürfelt
- abgeriebene Schale einer ½ Zitrone
- 1 EL (Dijon-)Senf
- 4 EL Paniermehl
- Olivenöl zum Braten
- 4 Zwiebeln, fein gehackt

- 100 ml Weißwein
- 100 ml kräftige Fleischbrühe
- 2 Lorbeerblätter

1. Reis mit Hack, Ei und Mandeln vermengen, salzen und pfeffern.
2. Datteln, Zitronenschale und Senf hinzufügen und alles miteinander vermischen.
3. Mit nassen Händen daraus kleine Klößchen formen. Diese in Paniermehl wälzen und in Öl anbraten. Herausnehmen und beiseite stellen.
4. Die Zwiebeln in wenig Öl glasig dünsten, Wein und Brühe angießen. Lorbeerblätter dazugeben. Alles aufkochen und bei niederiger Temperatur 10 Min. köcheln lassen.
5. Klößchen in den Sud legen und 15 Min. darin ziehen lassen. Im Sud erkalten lassen.

Schweinefleisch auf Metzgerart

- 4 Schweinekoteletts (Das Rezept funktioniert auch mit Schweineschnitzeln oder so genannten „Minutensteaks")
- Salz
- weißer Pfeffer
- 1 kleine oder ½ große Zwiebel, fein gehackt
- 1 gehäufter TL milder Paprika
- ½ Tasse Wasser
- 100–120 g durchwachsener, geräucherter Speck, in Scheiben geschnitten
- 2 Paar Debreziner, in Scheiben geschnitten (falls Sie keine Debreziner bekommen können, können Sie sie durch andere kräftig geräucherte Würstchen ersetzen)
- 2–3 Fleischtomaten
- 1–2 Paprikaschoten (oder etwa die doppelte Menge Spitzpaprika)
- 2 Becher saure Sahne
- Butter oder Öl zum Braten

1. Die Tomaten schälen, den Stengelansatz entfernen, je nach Größe in acht bis zwölf Teile schneiden und entkernen.

2. Die Paprika waschen, halbieren, entkernen und der Länge nach in etwa 5 mm breite Streifen schneiden.
3. Die Koteletts salzen und pfeffern und im Öl auf beiden Seiten anbraten. Herausnehmen und beiseite stellen.
4. Die Zwiebel im übrig gebliebenen Öl glasig dünsten, das Paprikapulver und das Wasser hinzugeben. Gut verrühren und einkochen lassen.
5. Das Fleisch in die Pfanne zurück geben, mit Speck, Wurstscheiben, Tomaten und Paprika bedecken und etwa 10 Min. köcheln lassen. (Wenn die Pfanne einen Deckel hat, sollten Sie sie abdecken). Zwischendurch ein- oder zweimal vorsichtig umrühren.
6. Die Sahne über das Gericht geben und alles noch einmal aufkochen lassen.
7. Heiß servieren. Dazu passen Röhrennudeln oder ein Nudelgratin aus Röhrennudeln.

Aufläufe und Anderes aus dem Backofen

Auflauf für Anfänger

Dieser Auflauf ist nicht nur einfach zuzubereiten, sondern auch ausgesprochen lecker. Deshalb ist er nicht nur für Anfänger interessant …

- 400 g Hörnchennudeln, Sedanini (kurze Makkaroni) oder dgl.
- 400 g gemischtes Hackfleisch (oder Putenhackfleisch)
- Salz
- Pfeffer (bei Verwendung von Putenhackfleisch auf jeden Fall ***weißer*** Pfeffer)
- 2–4 TL Majoran
- 4 TL scharfer Senf
- 1 große Zwiebel, gewürfelt
- 62,5 g durchwachsener Speck, gewürfelt
- Olivenöl
- 200 g geriebener, nicht allzu kräftiger Käse (z. B. mittelalter Gouda)
- 2 Gläser Tomatensauce (die einfache neapolitanische Variante)

1. Den Backofen auf 200°C vorheizen.
2. Die Nudeln in Salzwasser bissfest kochen.
3. Das Hackfleisch mit Salz, Pfeffer, Majoran und Senf vermischen und dabei sorgfältig durchkneten.
4. In einer Pfanne etwas Öl erhitzen und darin den Speck und die Zwiebel anschwitzen.
5. Das Hackfleisch hinzu geben, anbräunen und zu Bröseln rühren.

6. Die Hackfleischbrösel in eine Auflaufform geben, darüber die Nudeln schichten, auf den Nudeln wiederum zwei Drittel bis drei Viertel des Käses verteilen.
7. Auf die Käseschicht die Tomatensauce (mit etwas Wasser verdünnt) geben, so dass die gesamte Oberfläche bedeckt ist, darüber den restlichen Käse streuen.
8. Im vorgeheizten Backofen 50 Minuten lang überbacken.
9. Nach dem Herausnehmen etwa 5–10 Minuten ruhen lassen und dann mit Blattsalat servieren.

Griechischer Lauchkuchen

– für 8-10 Personen –

Bechamelsauce mit Käse:

- 1 l Milch
- 100 g Butter
- 4 EL Mehl
- 1 TL Salz
- ¼ weißer Pfeffer
- ¼ geriebene Muskatnuss
- 4 EL geriebener Parmesan, Pecorino oder Kefalotyri

1. Milch bis kurz vor dem Siedepunkt erhitzen und beiseite stellen.
2. Butter in einer großen, schweren Pfanne bei geringer Hitze erhitzen. Mehl mit einem hölzernen Kochlöffel nach und nach einrühren. In 3–5 Min. glatt rühren.
3. Heiße Milch unter ständigem Rühren mit einem Schneebesen eingießen und bei geringer Hitze etwa 10 Min. lang eindicken lassen.
4. Von der Kochstelle nehmen und Salz, Pfeffer, Muskat und Käse einrühren. Auf Zimmertemperatur abkühlen lassen.

Der Kuchen

- 1,2 kg Lauch (Porree), die weißen Teile in 1 cm dicke Ringe geschnitten und ***gründlich*** gewaschen, dann klein gehackt
- 450 g Butter
- 450 g Rinderhack (wer mag, kann es durch Lammhack ersetzen)
- 70 ml trockener Weißwein
- weißer Pfeffer
- 3 Prisen Muskat
- Salz
- 6 mittelgroße Eier
- 100 g frisch gemahlener Parmesan, Pecorino oder Kefalotyri
- 1 Packung Blätterteig (optimal wären allerdings 300 g Phylloteig)

1. Bei sehr geringer Hitze den Lauch in 2 EL Butter goldgelb anschmoren. Herausnehmen und beiseite stellen.
2. Weitere 2 EL Butter in die Pfanne geben und darin bei starker Hitze das zerpflückte Hackfleisch gleichmäßig anbräunen.
3. Mit Wein aufgießen, den Lauch wieder in die Pfanne geben, eine Prise Pfeffer und Muskat, sowie 1 TL Salz beigeben und alles gut vermengen. Bei geringer Hitze etwa 20 Min. köcheln lassen, bis der Wein verdampft ist. Dann die Pfanne von der Kochstelle nehmen.
4. Eier gut verquirlen und beiseite stellen.
5. Die restliche Butter in einem Topf zerlassen und damit eine große Auflauf- oder Backform auspinseln.
6. Den Käse zusätzlich zu der Bechamelsauce geben, mit einem Schneebesen nach und nach die Eier unterziehen. Die Fleisch-Lauch-Masse in die Sauce einrühren und dann mit Salz und weißem Pfeffer abschmecken.
7. Den Backofen auf 180°C (Gas Stufe 2) vorheizen.
8. Gut die Hälfte des Blätterteigs ausrollen und damit Boden und Seiten der Form auslegen. Dabei Überlappungszonen zwischen einzelnen Teigplatten ggf. mit zerlassener Butter „verkleben“.
9. Die Lauch-Mischung gleichmäßig auf dem Teigboden verteilen.

10. Aus dem restlichen Teig einen Deckel formen und auf den Boden legen. Die Ränder einschlagen, damit die Füllung nicht ausläuft. Den Teigdeckel mit einem scharfen Messer einritzen oder einstechen (damit der Dampf beim Garen abziehen kann).
11. Mit ein paar Tropfen Wasser besprühen und 45 Min. bis 1 Std. lang im Backofen (Mitte) backen. Den Lauchkuchen aus dem Ofen nehmen und vor dem Anschneiden 15 Min. abkühlen lassen.

Pastitso – griechischer Nudelauflauf

– für etwa 12 Personen –

Fleischfülle:

- 2 Zwiebeln, fein gehackt
- 3 EL Butter
- 900 g mageres Rinderhack
- 4 EL Toimatenmark
- (mindestens) 250 ml kräftiger trockener Rotwein
- 1 gestrichener TL Muskat
- ¼ schwarzer Pfeffer
- 1 EL Salz
- ½ TL gemahlener Zimt

1. Die Zwiebeln in 3 EL Butter bei niedriger Hitze in einer großen Pfanne vorsichtig glasig dünsten, jedoch ***nicht*** bräunen. Das Rinderhack zugeben und zerpflücken, damit es gleichmäßig bräunt. Dazu die Hitze erhöhen.
2. Das Tomatenmark im Wein auflösen und zum Fleisch geben. Die Hitze wieder reduzieren. Muskat, Salz, Pfeffer und Zimt dazu geben und alles gut vermischen. Eine Std. im offenen Topf schwach köcheln lassen. Sollte das Fleisch am Pfannenboden haften bleiben, noch etwas Wein hinzu gießen.

Makkaroni und Bechamelsauce:

- 500 g (kurze) Makkaroni
- 1½ l Milch
- 200 g Butter
- 80 g Mehl, gesiebt
- etwas Muskat

1. Die Makkaroni in einem ausreichend großen Topf *al dente* kochen und abgießen.
2. Die Milch aufwallen lassen und von der Kochplatte nehmen.
3. Die Butter in einem großen Topf bei geringer Hitze zerlassen und das Mehl hineinsieben. Dabei kräftig rühren, damit es keine Klumpen gibt. (Es empfiehlt sich, das zu zweit zu machen; eine Person rührt, die andere gibt auf Kommando der ersten nach und nach das Mehl in die Flüssigkeit. B. L.) Unter ständigem Rühren das Mehl mind. 5 Min. anschwitzen lassen.
4. Etwas Muskat zugeben. Langsam die Milch zugießen und dabei ständig mit einem Schneebesen rühren (auch das ist wieder ein Job für zwei. B. L.). Noch einmal mit etwas Muskat würzen. Wenn die Sauce leise köchelt, beginnt sie anzudicken. Weiter mit dem Schneebesen rühren, damit die Sauce glatt bleibt. Nicht zu dick werden lassen, am besten ist eine rahmige Konsistenz. Von der Kochplatte nehmen und abkühlen lassen.

Der Auflauf:

- 6 EL Paniermehl
- 400 g geriebener Parmesankäse oder Kefalotyri
- 6 große Eier
- etwa 6 EL Butter

1. Den Backofen auf 180°C (Gas Stufe 2) vorheizen.
2. Jeweils die Hälfte des Paniermehls und des Käses unter die Fleischmasse rühren.
3. Eine große Auflaufform auf dem Boden und an den Seiten (besonders in den Ecken) mit Butter einfetten. Mit 2 EL Paniermehl bestreuen. Die Hälfte der Makkaroni glatt auf dem Boden verteilen und mit etwa 3 EL Käse bestreuen. Anschließend die gesamte Fleischmasse auf den Nudeln verteilen und möglichst glatt streichen.

4. Die Eier in eine Rührschüssel aufschlagen und gut verquirlen, 4 EL abgekühlte Sauce unter die Eier rühren und dann diese Mischung unter die Sauce selbst heben. Der fertigen Sauce 5 EL Käse untermengen. (Unbedingt an diese Reihenfolge halten, damit die Sauce nicht gerinnt!)
5. Die Hälfte der Sauce über die Nudeln in der Form geben. Mit einem Spatel glatt streichen. Die restlichen Nudeln gleichmäßig darüber verteilen und mit 4 EL Käse bestreuen, Darüber nun die restliche Sauce schütten und alles noch einmal glatt streichen. Mit dem restlichen Paniermehl und dem restlichen Käse bestreuen. 3 EL Butter als Flöckchen obenauf setzen.
6. Die Form vorsichtig in den Backofen (Mitte) schieben und in 50 Min. goldgelb überkrusten. Aus dem Ofen nehmen und vor dem Portionieren und Anrichten erst einmal 15 Min. stehen lassen.

Syrischer Nudelauflauf

- 1 große Zwiebel, fein gehackt
- 3 Knoblauchzehen, fein gehackt
- 4 EL Olivenöl
- 400 g Rinderhack (oder halb und halb Rinder- und Hammelhack)
- 250 g Tomaten, geschält und geviertelt
- 1 EL fein gehackte glatte Petersilie
- 1 EL fein gehackte Minze
- ½ TL Kreuzkümmel
- ¼–½ TL gemahlener Piment
- 1 getrocknete Chili-Schote, zerrieben
- Salz
- 500 g kurze Makkaroni
- Butter
- 100 g geriebener Parmesan
- 4 Eier
- 4 EL Sahne

1. Backofen auf 200°C (Gas Stufe 3) vorheizen.

2. Zwiebel und Knoblauchzehen im heißen Öl glasig dünsten. Das Hackfleisch hinzufügen und braun anbraten.
3. Tomaten, Petersilie, Minze bzw. Dill, Kreuzkümmel, 1½ TL Salz, Piment und Chili dazu geben und 5 Min. garen lassen. Vom Herd nehmen.
4. Inzwischen die Nudeln kochen und abgießen. Mit 50 g Butter und dem Parmesankäse mischen.
5. Eine Auflaufform buttern und die Nudeln hineingeben. Die Fleischmischung gleichmäßig darüber verteilen. Die Eier mit der Sahne und etwas Salz verquirlen und über die Fleischmasse gießen.
6. Im Backofen (Mitte) 25–30 Min. backen.

Zur Not kann man die Minze durch Dill ersetzen. Aber wirklich nur zur Not …

Badischer Spargelauflauf

- 1 kg Spargel
- 1 TL Zucker
- 500 g breite Bandnudeln
- 200 ml saure Sahne oder Schmand
- 3 EL zimmerwarme Butter
- 200 g gekochter Schinken, in Rauten
- 200 g geriebener Emmentaler
- 1 Bund Schnittlauch, in Röllchen geschnitten
- Salz
- weißer Pfeffer
- nach Belieben frisch geriebene Muskatnuss

1. Backofen auf 180°C (Gas Stufe 2) vorheizen.
2. Den Spargel waschen, das holzige Ende abschneiden. Weißen Spargel schälen. Die Stangen in etwa 3cm lange Stücke schneiden. In einem Topf Wasser mit Salz und einem TL Zucker versetzen und zum Kochen bringen. Die Spargelstücke je nach Durchmesser in 7–10 Min. bissfest kochen. Den Spargel gut abtropfen lassen und beiseite stellen; die Spargelbrühe aufheben.

3. Die Bandnudeln in Salzwasser nach Anleitung kochen, bis sie weich, aber noch bissfest sind. Abgießen und sofort, noch im Sieb, 2 EL Butter unterrühren, damit die Nudeln nicht aneinander kleben. Die Nudeln gut abtropfen lassen.
4. Den Sauerrahm mit 3–4 EL Spargelbrühe verdünnen.
5. Eine große Auflaufform ausbuttern und die Hälfte der Nudeln hinein geben, darauf die Hälfte des Spargels, darüber die Hälfte des Schinkens, des verdünnten Sauerrahms, der Schnittlauchröllchen und ein Drittel des Emmentalers. Mit Salz, Pfeffer und, nach Belieben, einer Prise frisch geriebener Muskatnuss abschmecken. Eine zweite Lage in derselben Reihenfolge darüber schichten. Den Abschluss bilden die restlichen zwei Drittel des Emmentalers.
6. Im vorgeheizten Ofen in etwa 20 bis 30 Min. knusprig braun backen. Der Auflauf ist fertig, wenn er am Rand brodelt. Vor dem Auftragen 5–10 Min. stehen lassen, damit er sich etwas setzt.

Reisauflauf mit grünem Spargel

- 1½ l Gemüsebrühe
- 200 g grüner Spargel
- 60 g Butter
- 2 große Zwiebeln, fein gehackt
- 3 Knoblauchzehen, fein gehackt
- 450 g Risotto-Reis
- 3 Eier
- 185 ml Sahne
- 125 g geriebener Parmesankäse
- 1 Msp geriebene Muskatnuss
- Salz
- schwarzer Pfeffer
- Öl oder Butter zum Einfetten der Auflaufformen

1. Die Gemüsebrühe in einem Topf zugedeckt leise köcheln lassen. Die unteren holzigen Enden der Spargelstangen entfernen, den Spargel in die Brühe geben und 2–3 Min. blanchieren, herausnehmen und in kaltem Wasser abschrecken. Den Fond – falls nötig – wieder zum Köcheln bringen und warm halten.

2. Die Köpfe der Spargelstangen etwa 5 cm lang abschneiden, den Rest der Stangen in etwa 1 cm dicke Scheiben schneiden, diese dann noch einmal halbieren.
3. Den Backofen auf 180°C (Gas Stufe 3) vorheizen. Vier flache Auflaufformen (500 ml) einfetten.
4. Die Butter in einem großen Topf bei mittlerer Hitze zerlassen. Zwiebeln 3 Min. darin glasig dünsten, den Knoblauch zugeben und 2 Min. mitdünsten. Den Reis dazufügen und rühren, bis er ganz von Fett überzogen ist.
5. Eine Schöpfkelle (125 ml) heißen Fond zugeben. Bei mittlerer Hitze unter Rühren garen, bis der Reis die gesamte Flüssigkeit aufgenommen hat. Nach und nach kellenweise weiteren Fond angießen und alles unter ständigem Rühren 25 Min. garen, bis der Reis die Flüssigkeit aufgenommen hat. Die Spargelscheiben unterrühren.
6. In der Zwischenzeit Eier, Sahne, Parmesan und Muskat verschlagen und mit Salz und frisch gemahlenem schwarzen Pfeffer würzen.
7. Den gegarten Reis in die Formen füllen. An drei oder vier Stellen jeweils mit dem Löffel kleine Vertiefungen für die Eimasse in den Reis drücken. Die Spargelspitzen auf den Reis legen und das Ganze mit der Eimasse übergießen.
8. Für 25–30 Min. in den Ofen (Mitte) schieben, bis die Eimasse fest ist. Sofort servieren.

Aprikosen-Hackbraten

- 250 g getrocknete Aprikosen
- 250 ml Gemüsebrühe
- 800 g gemischtes Hackfleisch
- 3 Scheiben Weißbrot, entrindet und in Milch eingeweicht
- 1 Zwiebel, fein gehackt
- 2 EL Butter
- 75 g durchwachsener, geräucherter Speck, gewürfelt
- 2–3 Eier (je nach Größe)
- Salz
- schwarzer Pfeffer
- 1 Prise Cayennepfeffer
- etwas Paniermehl
- ggf. Fett für den Bräter
- 250 ml Sahne

- ggf. etwas Speisestärke
- 1 Bund glatte Petersilie, fein gehackt

1. Die Aprikosen in eine Schüssel geben, mit der Gemüsebrühe übergießen (müssen dabei vollständig bedeckt sein) und über Nacht einweichen lassen.
2. Den Backofen auf 200°C (Gas Stufe 2–3) vorheizen.
3. Das Hackfleisch in eine Schüssel geben, das gut ausgedrückte Weißbrot hinzufügen und alles gut vermischen.
4. Die Butter in einer Pfanne zerlassen, die Zwiebel und den Speck hineingeben und 4–5 Min. dünsten.
5. Speck und Zwiebel vom Herd nehmen, etwas abkühlen lassen und zusammen mit den Eiern zum Hackfleisch geben. Alles gut vermischen.
6. Die Hackfleischmasse mit Salz, Pfeffer und Cayennepfeffer kräftig abschmecken, mit Paniermehl binden und die Hälfte der Aprikosen unter die Masse ziehen.
7. Aus der Fleischmasse einen Laib formen und in einen eingefetteten ofenfesten Bräter setzen. Im Backofen (Mitte) 40–45 Min. garen. Während der Backzeit öfters mit der Einweichflüssigkeit der Aprikosen ablöschen.
8. Den Hackbraten aus dem Bräter nehmen und warm stellen. In die Bratflüssigkeit die Sahne einrühren und einmal aufkochen lassen. Etwas eindicken lassen (ggf. mit etwas angerührter Speisestärke abbinden). Die restlichen Aprikosen hinzugeben.
9. Den Hackbraten in Scheiben schneiden und mit der Sauce anrichten. Mit der Petersilie bestreuen.

Lauchnudeln

- 600 g Lauch (geputzt, entspricht etwa 1 kg Porreestangen)
- 250 g Fadennudeln
- 2 EL Butter
- 1 Becher Sahne
- 200 g geriebener mittelalter Gouda
- Salz
- weißer Pfeffer
- Muskat

1. Den Backofen auf 250°C (Gas Stufe 4) vorheizen.
2. Den Lauch putzen, waschen, ganz dunkelgrüne Teile entfernen. Stangen halbieren und die Hälften in feine Stifte („Lauchstroh") schneiden.
3. Lauchstroh für 2 Min. in kochendem Salzwasser blanchieren. Abgießen und mit kaltem Wasser abschrecken.
4. Die Nudeln in ausreichend Salzwasser *al dente* kochen.
5. Butter und Sahne in einem Topf erhitzen. Den Käse hinzugeben. Mit dem Schneebesen rühren, bis sich alles gut verbunden hat. Mit Salz, Pfeffer und Muskat abschmecken.
6. Nudeln und Lauch mischen und in eine feuerfeste Form geben. Sauce darüber gießen. Im Ofen (Mitte) 10 Min. überbacken.

Hackfleischfladen

Fladen:

- 500 g Weizenmehl
- Salz
- 30 g Hefe
- 1 TL Zucker
- 300 ml lauwarmes Wasser
- 2 EL Olivenöl

1. Das Mehl mit dem Salz in eine Schüssel geben. In die Mitte eine Vertiefung drücken, die Hefe hineinbröckeln, den Zucker hinzufügen und mit 100 ml des Wassers und etwas Mehl zu einem Vorteig verrühren. Zudecken und etwa 10 Min. ruhen lassen.
2. Das Öl hinzugeben und alles mit den Händen verkneten, dabei nach und nach das restliche lauwarme Wasser dazugeben.
3. Den Teig so lange kneten, bis er sich vom Schüsselrand löst. Der Teig muss weich sein, darf aber nicht kleben. Teig zu einer Kugel formen und zugedeckt an einem warmen Ort 1 Std. gehen lassen, bis sich sein Volumen in etwa verdoppelt hat.

Hackfleischbelag:

- 3 EL Olivenöl
- 3 mittelgroße Zwiebeln, fein gehackt
- 1 Bund glatte Petersilie, die Blätter fein gehackt
- 250 g Rinderhack (alternativ Lammhack)
- 3 EL Tomatenmark
- 150 ml Rinder- oder Gemüsebrühe
- 2 TL gemahlener Kreuzkümmel
- 1 TL gemahlener Koriander
- 1 TL mildes Paprikapulver
- Salz
- schwarzer Pfeffer
- Fett (oder Backpapier) für das Blech

1. Das Öl in einer Pfanne erhitzen und darin die Zwiebeln 2–3 Min. glasig dünsten, dann den Knoblauch hinzufügen und 2 Min. mitdünsten.
2. Das Hackfleisch in die Pfanne geben und unter Rühren etwa 5 Min. anbraten.
3. Das Tomatenmark in der Brühe auflösen und mit den Gewürzen zum Hackfleisch geben. Die Masse mit Salz und Pfeffer abschmecken und vom Herd nehmen.
4. Den Backofen auf 200°C (Gas Stufe 3) vorheizen.
5. Den Teig auf einer bemehlten Arbeitsfläche kurz durchkneten und in vier gleiche Teile teilen. Diese zu dünnen Fladen von 20–25 cm Durchmesser ausrollen. Mit den Fingern einen Rand formen, damit beim Backen der Belag nicht herunterlaufen kann.
6. Ein Backblech einfetten oder mit Backpapier auslegen. Die Fladen darauf setzen, die Hackfleischmasse darauf verteilen und im Backofen (Mitte) 10–15 Min. backen. Die Fladen sollten noch so weich sein, dass sie sich zusammenrollen lassen, damit man sie aus der Hand essen kann (oder wenigstens könnte).

Spinattorte

Teig:

- 200 g Mehl
- Salz
- ½ Würfel Hefe
- 1 TL Zucker
- 125 ml lauwarme Milch (3,5%)
- Fett für die Form
- Paniermehl

1. Das Mehl mit dem Salz in eine Schüssel geben. In die Mitte eine Vertiefung drücken, die Hefe hineinbröckeln, den Zucker hinzufügen und mit der Milch und etwas Mehl zu einem Vorteig verrühren. Zudecken und etwa 10 Min. ruhen lassen.
2. Alles mit den Händen verkneten, und zwar so lange, bis sich der Teig vom Schüsselrand löst. Ggf. etwas lauwarmes Wasser hinzufügen. Teig zu einer Kugel formen und zugedeckt an einem warmen Ort 1 Std. gehen lassen, bis sich sein Volumen in etwa verdoppelt hat.

Die Füllung:

- 1–2 EL Butter
- 2 Zwiebeln, fein gehackt
- 2 Knoblauchzehen, fein gehackt
- 500 g Blattspinat, gewaschen und verlesen bzw. TK-Ware
- 500 g Rinderhack
- 2–3 Eier (je nach Größe)
- 4 Scheiben Weißbrot, ohne Rinde in etwas Milch eingeweicht
- Salz
- schwarzer Pfeffer
- Cayennepfeffer
- 1 EL getrockneter Majoran
- 1 EL getrockneter Thymian

- 3–4 reife Tomaten, in Scheiben geschnitten
- frischer Basilikum zum Garnieren

1. Die Butter erhitzen, die Zwiebeln dazugeben und glasig dünsten, dann den Knoblauch 2 Min. mitdünsten. Den Spinat klein schneiden, hinzufügen und 5 Min. dünsten. In eine Schüssel geben und erkalten lassen.
2. Den Backofen auf 180–200°C (Gas Stufe 2–3) vorheizen.
3. Eine Springform mit glattem Boden ausfetten und mit Paniermehl bestreuen. Den Teig in die Form legen, über den Boden ausbreiten und an den Seiten einen Rand hochdrücken.
4. Hackfleisch, Eier und das ausgedrückte Weißbrot zum Spinat geben und alles zu einer Masse verarbeiten. Mit Salz, Pfeffer, Cayennepfeffer, Majoran und Thymian würzen.
5. Die Füllung auf den Teig geben und glatt streichen. Die Tomatenscheiben darauf verteilen und die Hackfleischmasse ganz mit ihnen abdecken.
6. Die Torte im Backofen (Mitte) 50–60 Min. backen. In Tortenstücke schneiden und diese mit Basilikumblättern garnieren.

Hackfleischtorte nach Zigeunerart

- Hefeteig (Fertigprodukt aus dem Kühlregal oder z. B. nach dem Rezept auf S. 157 selbst gemacht)
- Fett und Semmelbrösel für die Form
- 4 Zwiebeln, fein gehackt
- 2 Knoblauchzehen, fein gehackt
- 2 EL Olivenöl
- 500 g gemischtes Hackfleisch
- 1 frische Chilischote, halbiert, entkernt und klein gehackt, oder 1–2 getrocknete, zerrieben
- Salz
- schwarzer Pfeffer
- 1 EL mildes Paprikapulver
- 100 g Paprikasalami in Scheiben

- 4 Eier
- 200 ml Sahne
- 1 Bund Schnittlauch, in Röllchen geschnitten

1. Den Backofen auf 180–200°C (Gas Stufe 2–3) vorheizen.
2. Den Hefeteig auf einer bemehlten Arbeitsfläche ausrollen, in eine gefettete, mit Paniermehl bestreute Springform auslegen und einen Rand hochziehen.
3. Das Öl in einer Pfanne erhitzen, das Hackfleisch darin unter ständigem Rühren braten.
4. Zwiebeln, Knoblauch und Chili-Schote(n) hinzufügen und kurz braten.
5. Das Hackfleisch mit Salz, Pfeffer und Paprikapulver abschmecken, vom Herd nehmen und erkalten lassen.
6. Die Fleischmasse auf dem Teig verteilen, glatt streichen und mit der Paprikasalami belegen.
7. Die Eier mit der Sahne verschlagen und die Mischung gleichmäßig auf der Hackfleischtorte verteilen.
8. Die Torte im Backofen (Mitte) insgesamt ca. 45 Min. backen. Nach etwa 25 Min. herausnehmen und mit Alufolie bedecken, dann weiterbacken.
9. Zum Servieren in Tortenstücke schneiden und mit Schnittlauchröllchen bestreuen.

Hackfleischkuchen mit Zwiebeln

Der Mürbeteig:

- 200 g Mehl
- ½ TL Salz
- 1 Ei
- 1–2 EL Wasser
- 125 g Butter
- Fett für die Backform

1. Das Mehl mit dem Salz auf eine Arbeitsfläche sieben und eine Mulde in die Mitte drücken. Das Ei und das Wasser hineingeben, die Butter in Flöckchen an den Rand setzen und das Ganze zu einem Teig verkneten.
2. Den Teig in Frischhaltefolie wickeln und 1 Std. im Kühlschrank ruhen lassen.
3. Den Teig auf einer bemehlten Arbeitsfläche ausrollen, eine ausgefettete, eckige Backform (17 cm × 26 cm) damit auslegen und einen etwa 3 cm hohen Rand hochziehen. Den Boden mehrmals mit einer Gabel einstechen.

Die Füllung:

- 2 Zwiebeln, in Ringen
- 2 Zwiebeln, fein gehackt
- 1 Knoblauchzehe, fein gehackt
- 1 Bund glatte Petersilie, die Blätter fein gehackt
- 3–4 EL Butter
- 700 g gemischtes Hackfleisch
- 4 EL Gemüsebrühe
- ½ Glas Kapern, abgetropft
- Salz
- Pfeffer
- Cayennepfeffer
- 3 Eier
- 100 ml Sahne

1. Den Backofen auf 200°C (Gas Stufe 3) vorheizen.
2. Etwas von der Butter in einem Topf erhitzen, die Zwiebelringe darin dünsten und beiseite stellen.
3. Die restliche Butter in einer Pfanne erhitzen, die gehackten Zwiebeln und den Knoblauch darin glasig schwitzen. Die Petersilie hinzugeben und kurz mitdünsten.
4. Das Hackfleisch einrühren und unter ständigem Rühren 5 Min. anbraten. Mit der Brühe ablöschen, die Kapern untermischen und alles mit Salz, Pfeffer und Cayennepfeffer kräftig würzen.
5. Die Hackfleischmischung auf dem Mürbeteig verteilen und mit den Zwiebelringen belegen. Die Eier mit der Sahne verquirlen und darübergießen.
6. Im Backofen (Mitte) 40–45 Min. backen. Herausnehmen, in Scheiben schneiden und servieren.

Crespelle alla fiorentina – Crêpes nach Florentiner Art

Die Tomatensauce:

- 1 Zwiebel, fein gehackt
- 1 l passierte Tomaten (“Passato di Pomodori“)
- Olivenöl
- Salz
- schwarzer Pfeffer
- frischer Basilikum

1. In einem Topf etwas Olivenöl erhitzen und die Zwiebel darin glasig dünsten. Die passierten Tomaten hinzufügen und unter gelegentlichem Rühren 20 Min. auf kleiner Flamme köcheln lassen.
2. Mit Salz und Pfeffer abschmecken und mit klein gezupften Basilikumblättern aromatisieren.

Die Bechamelsauce:

- ½ l Milch
- Salz
- schwarzer Pfeffer
- 1 Lorbeerblatt
- geriebene Muskatnuss
- 40 g Butter
- 40 g Mehl

1. Milch mit Salz, Pfeffer, Lorbeerblatt und Muskatnuss würzen und zum Kochen bringen. Anschließend die Herdplatte abschalten.
2. Die Butter in einem großen Topf bei geringer Hitze zerlassen und das Mehl hineinsieben (das macht man am besten zu zweit). Dabei kräftig rühren, damit es keine Klumpen gibt. Nach und nach die gewürzte Milch unter ständigem Rühren hinzugeben (auch ein Job für zwei: der eine rührt, der andere gießt auf Kommando des Rührenden). Bechamelsauce beiseite stellen.

Die Crêpes:

- 4 Eier
- 350 g Mehl
- ½ l Milch
- Salz
- schwarzer Pfeffer
- Öl oder 2 Speckschwarten zum Backen

1. Eier und Mehl vermengen, Milch nach und nach dazugeben, mit Salz und Pfeffer abschmecken. Es soll dabei eine geschmeidiger, klümpchenfreier, cremeartiger Teig entstehen.
2. Eine gusseiserne oder beschichtete Pfanne bei mittlerer Temperatur heiß werden lassen und mit einer Speckschwarte ausfetten (oder ganz prosaisch ein wenig Öl hineingießen und die Pfanne ausschwenken). Mit einer Kelle den Teig dünn und gleichmäßig in die Pfanne geben und auf diese Weise nach und nach 12 Crêpes backen.

Die Füllung:

- 350 g frischer Spinat (oder tiefgekühlter Blattspinat)
- 1 Zwiebel, in halben Ringen
- Olivenöl
- Salz
- schwarzer Pfeffer
- 350 g Ricotta
- 50 g geriebener Parmesan
- 1 Eigelb
- geriebene Muskatnuss

1. Spinat und Zwiebel mit 1 EL Olivenöl in einer Pfanne scharf anbraten, mit Salz und Pfeffer abschmecken. Vom Herd nehmen, abkühlen lassen und fein hacken.
2. Den Ricotta durch ein Sieb streichen und mit dem gehackten Spinat vermengen.
3. Den Parmesan und das Eigelb darunter geben und mit Salz, Pfeffer und Muskatnuss abschmecken.

Die Fertigstellung:

- 50 g geriebener Parmesan
- frische Basilikumblätter

1. Den Backofen auf 200°C (Gas Stufe 3) vorheizen.
2. Die fertigen Crêpes einzeln auf ein Brett legen, die Füllung dünn darauf streichen; die Crepes zu Viertelkreisen (also zweimal) falten.
3. In eine Auflaufform zuerst eine Kelle Bechamelsauce, dann eine Kelle Tomatensauce geben, so dass ihr Boden bedeckt ist. Die gefüllten Crêpes hineinlegen und mit Tomatensauce, Bechamelsauce, Parmesan und Basilikumblättern (in dieser Reihenfolge) bedecken.
4. Im Backofen (Mitte) 20 Min. backen und heiß servieren.

Coca mit Gartengemüse (und Chorizo)

„Coca" heißt die auf den Balearen beheimatete Verwandte der Pizza und Foccacia. Auch sie gibt es in unzähligen Variationen, wie die Foccacia verzichtet sie auf Käse.

Teig:

- 20 g frische Hefe oder 1½ TL Trockenhefe
- ½ TL Zucker
- 150–175 ml Milch (3,5%)
- 250 g Mehl sowie weiteres Mehl zum Kneten
- 1 TL Salz
- 2 EL Olivenöl

1. Die Milch auf etwa Körpertemperatur erwärmen.
2. Frische Hefe in einer Tasse mit dem Zucker und etwa der Hälfte der Milch verrühren und etwa 10 Minuten an einem warmen, vor Zugluft geschützten Platz gehen lassen, bis sich Blasen bilden. Trockenhefe nach Anweisung auf der Packung vorbereiten.

3. Mehl mit dem Salz in eine große Schüssel geben, in die Mitte eine Mulde drücken und die Hefemischung hinzugeben. Etwas Mehl einrühren (oder mit Mehl bestäuben). Weitere 5 Minuten zugedeckt gehen lassen.
4. Olivenöl hinzugeben und alles zu einem glatten Teig kneten. Den Teig zu einer Kugel formen und in eine mit Öl gefettete Schüssel legen. Mit einem Tuch abdecken und an einem warmen Ort zugedeckt etwa 30 Minuten gehen lassen, bis er sein Volumen etwa verdoppelt hat.
5. Inzwischen den Backofen auf 220°C vorheizen.

Belag:

- 1 Gemüsezwiebel, fein gehackt
- 4–5 EL Olivenöl
- 2 kleine grüne Paprikaschoten, entkernt und gewürfelt
- Salz und Pfeffer
- 2–3 Tomaten, entkernt und geachtelt (Stielansatz entfernen!)
- wahlweise: 150 g Chorizo in dünnen Scheiben

1. Zwiebel in 3 EL Öl weich dünsten.
2. Ein Backblech oder eine Pizzaform mit Backpapier auslegen oder einfetten. Den Teig auf dem Blech bzw. in der Form von der Mitte aus verteilen, am Rand sollte er etwas höher sein. Diesen Rand mit Öl einpinseln und die Zwiebel auf der Fläche verteilen. Gemüse darauf geben, salzen und pfeffern. Das Gemüse mit 1 EL Öl beträufeln. Anschließend ggf. die Chorizoscheiben hinzugeben.
3. Im vorgeheizten Backofen bei 220°C ca. 20–25 Minuten backen.

Foccacia mit Zwiebeln und Oliven

Dies ist die klassische ligurische Form des „panis focacius", wie sie mittlerweile auch hierzulande bekannt ist. Das folgende Rezept stammt von einem hierzulande recht bekannten italienischen Koch. Die Reihenfolge bei der Herstellung des Hefeteigs ist etwas ungewöhnlich. Ohne den Meister kritisieren zu wollen: Ich bevorzuge die Methode mit dem Vorteig, wie sie im nächsten Rezept beschrieben wird (aber bitte die anderen Mengen beachten!). Unter Punkt (2) dort dann außer dem Salz auch Pfeffer und 4 EL Olivenöl hinzugeben. Danach geht's dann weiter wie oben beschrieben.

- 2 große (rote) Zwiebeln, in Ringe geschnitten
- 12 EL Olivenöl
- 200 g schwarze Oliven, entkernt, die Hälfte grob gehackt
- 1 kg Mehl
- Salz
- schwarzer Pfeffer
- 35 g Hefe
- 100 ml (½ Tasse) lauwarmes Wasser
- 1–2 Zweige frischer Rosmarin

1. Die Hälfte der Zwiebeln in 2 EL Olivenöl scharf anbraten.
2. 750 g Mehl in eine große Schüssel geben, Salz, Pfeffer und 4 EL Olivenöl hinzugeben.
3. Die Hefe im Wasser auflösen, zum Mehl geben und alles kräftig durchkneten, bis ein glatter Teig entsteht. Falls nötig, noch etwas lauwarmes Wasser hinzugeben.
4. Den Teig in zwei Hälften teilen. Die eine Hälfte mit den gerösteten Zwiebeln, die andere mit den gehackten Oliven vermengen. Jeden Teig in eine Schüsel legen, mit einer Frischhaltefolie abdecken und mindestens 3 Std. an einem kuscheligen, warmen Plätzchen gehen lassen. Nach Ablauf Zeit sollte sich das Volumen des Teigs verdoppelt haben.
5. 2 Backbleche mit je 1 EL Olivenöl einpinseln (oder mit Backpapier belegen). Die Teige noch einmal durchkneten, mit einem bemehlten Nudelholz ausrollen und auf die Backbleche legen. Mit den Fingerspitzen Löcher in den Teig drücken. Teige noch weitere 30 Min. gehen lassen.
6. In der Zwischenzeit den Backofen auf 250°C vorheizen und die Rosmarinblätter vom Zweig zupfen.
7. Den Zwiebelteig mit den restlichen Zwiebeln, den Oliventeig mit den restlichen Oliven belegen. Die Rosmarinblättchen über die beiden Fladen verteilen. Mit jeweils 2 EL Olivenöl beträufeln und 20–25 Min. backen.

> Zum Kneten nimmt man m. E. am besten seine Hände. Hefeteig braucht Hingabe, Wärme und Zeit, dann gelingt er auch. Nebenbei bemerkt, spürt man mit seinen Händen auch am besten, ob der Teig die richtige Konsistenz hat.

Foccacia nach Art der Basilicata

Dies ist nun die süditalienische Variante der „Foccacia", die hierzulande noch weitgehend unbekannt ist. Deshalb hier gleich vier verschiedene Variationen.

Der Teig:

- 1 kg Mehl,
- 1 Würfel Hefe
- 600 ml lauwarmes Wasser (Körpertemperatur)
- 1½ EL Salz

1. Das Mehl in eine Schüssel sieben. In die Mitte eine Vertiefung machen. Krümeln Sie die Hefe dort hinein, geben Sie das Wasser dazu und rühren Sie vom Rand aus mit einem Drittel des Mehls einen Vorteig. Decken Sie die Schüssel mit einem Tuch ab („Im Dunkeln ist gut munkeln" gilt auch für Hefepilze) und lassen Sie den Vorteig 45–60 Min. an einem warmen Platz stehen, bis er aufgegangen ist und Blasen wirft.
2. Das Salz in die Schüssel geben und alles zu einem glatten, glänzenden Teig kneten. Dies dauert mit der Hand ungefähr 15 Min. Den Teig etwa 60 Min. gehen lassen, bis er um das Doppelte aufgegangen ist.

Während der Teig geht, hat man ausreichend Zeit, eine der folgenden Füllungen zuzubereiten.

Mangold-Rosinen-Füllung:

- 150 g Rosinen
- etwas lauwarmes Wasser
- 1 kg Mangold
- 4–5 EL Olivenöl
- Salz,
- Paprika

1. Die Rosinen etwa 30 Min. in lauwarmem Wasser einweichen.

2. Den Mangold putzen, in grobe Stücke schneiden und im offenen Topf in leicht gesalzenem Wasser etwa 5 Min. blanchieren. Über einer Seihe abgießen, mit kaltem Wasser abschrecken und sehr gut abtropfen lassen.
3. Etwa 2–3 Min. bei mittlerer Hitze im Olivenöl schwenken. Die abgetropften Rosinen dazugeben, mit Salz und etwas Paprika würzen. Auf Zimmertemperatur abkühlen lassen.

Zwiebel-Peproni-Füllung:

- 6–12 frische Chili-Schoten (Peperoni) (je nach Mut und Geschmack)
- 1 kg Zwiebeln, in Ringen
- 100 ml Olivenöl
- Salz

1. Die Pfefferschoten waschen, halbieren, Kerne herauskratzen. Den Stiel entfernen. Klein hacken.
2. Die Zwiebeln im Olivenöl auf kleiner Flamme mit den Pfefferschoten anschwitzen, bis die Zwiebeln glasig sind. Salzen. Abkühlen lassen.

Schweinefleischfüllung:

- 500 g Schweinfleisch (ein Stück zum Kurzbraten wie: Kotelett, Schnitzel, Nuss, Lende), gewürfelt
- 500 g Zwiebeln, fein gehackt
- 3 Knoblauchzehen, fein gehackt
- 5–6 El Olivenöl
- mildes Paprikapulver
- Salz
- 1–2 EL fein gehackte glatte Petersilie

1. Alle Zutaten in Olivenöl bei großer Hitze kurz scharf anbraten. Mit Paprika und Salz abschmecken.
2. Abkühlen lassen. Dann feingehackte Petersilie dazu geben.

Rosinen-Zitronen-Füllung (eine süße Variante):

- 500 g Rosinen
- 3 Zitronen (mit verzehrbarer Schale)
- 2–3 El Zimt
- 250 g Zucker
- etwas Olivenöl zum Bestreichen des Teigs

Rosinen in warmem Wasser 30 Min. einweichen, dann gut abtropfen lassen. Zimt und Zucker vermischen. Das weitere Vorgehen wird weiter unten beschrieben.

Weitere Zubereitung:

1. Den Teig noch einmal kurz durchkneten und in 3 Stücke von etwa 500 g Gewicht schneiden. Jedes Teigstück zu einem Fladen von 6–7 mm Dicke ausrollen.
2. Abgesehen von der Rosinen-Zitronen-Füllung (siehe den nächsten Punkt) dann die gewünschte Füllung in der Mitte darauf geben. Den freigelassenen Rand darüber klappen, so dass sich die Teigränder in der Mitte *fast* berühren, aber gleichwohl noch eine Öffnung bleibt.
3. Für die Rosinen-Füllung die Teigfladen leicht einölen, je ⅓ der abgetropften Rosinen darauf streuen, die Zitronenschale darüber reiben und mit dem Zimtzucker süßen. Den Teig aufrollen und eine Schnecke daraus formen, die leicht platt gedrückt wird. Man kann auch zwei bzw. drei Teigstücke zusammen ausrollen und eine entsprechend größere Teigschnecke herstellen. Je nach Größe verdoppelt oder verdreifacht sich allerdings die Backzeit. Machen Sie auf jeden Fall die Stäbchenprobe wie unten beschrieben.
4. Die Focaccia noch einmal 60 Min. gehen lassen.
5. In der Zwischenzeit den Backofen auf 220°C vorheizen.
6. Die Focaccia etwa 30 Min. im Ofen backen, bis ein hinein gestochenes Holzstäbchen (Zahnstocher, Spieß) sauber wieder herauskommt.

Spanisches Safranbrot

- ein Döschen Safranfäden (0,2 g)
- 2½ EL heißes Wasser
- 1 Würfel frische Hefe (oder eine entsprechende Menge getrocknete)
- 1 TL Zucker

- 250 ml lauwarmes Wasser
- 375 g Mehl
- 2 TL Salz
- 75 g Pistazienkerne, grob gehackt, oder gehackte Mandeln

1. Safran und heißes Wasser in ein Schüsselchen geben und 10 Min. stehen lassen.
2. Hefe, Zucker und warmes Wasser in eine andere Schüssel geben und abgedeckt 10 Min. an einem warmen Ort stehen lassen, bis sich Schaum bildet.
3. Mehl, Salz und Pistazien oder Mandeln in einer Schüssel mischen. In die Mitte eine Vertiefung drücken und die Hefe- und Safranmischungen vollständig hineingeben. Zutaten zu einem weichen Teig verrühren und daraus eine Kugel formen. Auf einer bemehlten Arbeitsfläche 5 Min. lang kneten, dann in eine geölte Schüssel legen, mit einem Tuch abdecken und an einem warmen Ort 75–90 Min. lang bis zum doppelten Volumen aufgehen lassen.
4. Teig zusammendrücken und auf einer bemehlten Arbeitsfläche 20 Sek. lang weich kneten. Ein Brotlaib von ca. 30 cm × 18 cm × 1,5 cm Größe formen. Auf ein Backblech legen und an einem warmen Ort weitere 15 Min. aufgehen lassen.
5. Backofen auf 200°C vorheizen.
6. Brot 20 Min. backen. Zur Kontrolle das Brot wenden und mit den Fingerspitzen leicht darauf klopfen. Klingt es hohl, so ist das Brot durchgebacken.

Linsenbrot

Dieses Brot hat ein Bäcker aus Wattenscheid erfunden, der das Rezept dankenswerterweise auf seiner Website veröffentlicht hat. Ich kann es nur wärmstens empfehlen, auch wenn seine Zubereitung ein wenig Zeit und Mühe erfordert.

– die Zutaten reichen für ein 1500 g schweres Brot –

Die Vorbereitung der Linsen:

- ½ Bund Salbei
- 150 g Linsen

- 50 ml *Balsamico*-Essig
- ½ TL Zucker (oder mehr, nach Geschmack)
- 200 ml Wasser
- 200 g eingelegte Paprika (aus dem Glas)

Der eigentliche Teig:

- 15 g Hefe (ca. ⅓ Würfel)
- 350 ml lauwarmes Wasser
- 50 g flüssiger Natursauerteig (selbst angesetzt oder im Beutel)
- 350 g Weizenmehl (Type 550)
- 150 g Roggenmehl (Type 1150)
- 10 g Salz (ca. 2 TL)

Weiter werden benötigt:

- 1 Brot- oder Kastenform (ca. 35 cm)
- Mehl zum Arbeiten
- Fett für die Form
- 2 EL Olivenöl zum Bestreichen

1. Am Vortag die Hälfte des Salbeis waschen, trocken schütteln, die Blättchen abzupfen und fein schneiden. Mit Linsen, *Balsamico*-Essig, Zucker, 200 ml Sud von den eingelegten Paprika und Wasser in einem Topf aufkochen und bei kleiner Hitze 15–20 Min. kochen lassen. Alles 8 Std. (am besten über Nacht) quellen lassen. Die Linsen nehmen dabei die Flüssigkeit bis auf einen Bodensatz auf.
2. Am nächsten Tag die Paprika klein schneiden. Für den Teig die Hefe in einer Schüssel in dem lauwarmen Wasser auflösen und mit dem Sauerteig mischen. Das Mehl und zum Schluss das Salz hinzufügen und alles gut unterarbeiten. Den Teig 8–10 Min. in der Küchenmaschine (4 Min. auf langsamer, 4 Min. auf schneller Stufe) oder von Hand durchkneten.
3. Zum Schluss Linsen mit Garflüssigkeit und die Paprika langsam unterheben. Danach den Teig abgedeckt 20 Min. bei Zimmertemperatur ruhen lassen.

4. Die Form fetten. Restlichen Salbei waschen, trocken schütteln und die Blättchen abzupfen. Den Teig in die Form geben. Die Salbeiblätter darauf verteilen und mit Wasser bestreichen, damit sie nicht zu schnell bräunen. Erneut 20 Min. ruhen lassen.
5. Inzwischen den Backofen auf 250°C vorheizen (Umluft nicht empfehlenswert), dabei ein mit Wasser benetztes Blech mit erhitzen.
6. Das Blech mit dem Wasser aus dem Ofen nehmen und das Brot hineinstellen (Mitte). **Sofort** die Temperatur auf 210°C herunterregeln. Das Brot 30–35 Min. backen. Noch heiß mit Olivenöl bestreichen.

Libum – Käsebrot nach Cato

*Römische Rezepte nachzukochen, hat bekanntlich so seine Tücken. Eine davon ist die uns heutige Leser verstörende Tatsache, dass jegliche Mengenangaben fehlen. Eine Ausnahme davon sind die Rezepte, die in dem Buch über die Landwirtschaft (**De Agricultura**) von Cato dem Älteren (234–149 v. Chr.) aufgeführt werden. Das folgende ist eines davon. Dass auch Catos Rezepte einiger Interpretation bedürfen, mögen die beiden modernen Versionen zeigen, die ich hier vorstelle. Die erste stammt aus der Feder des Historikers Dr. Marcus Junkelmann, der vor allem für seine Untersuchungen zur Ausrüstung römischer Soldaten bekannt ist. Seine Version ist in seinem Buch „Aus dem Füllhorn Roms. 34 Originalrezepte aus der römischen Küche" (Mainz: von Zabern, ich besitze die 3. Auflage von 2007) veröffentlicht, das sich im Gegensatz zu fast allen anderen modernen „römischen" Kochbüchern vor allem mit der Küche des kleinen Mannes beschäftigt. Um eigene Interpretationen zu ermöglichen, gebe ich hier zunächst den lateinischen Originaltext wieder, dann die beiden modernen Interpretationen, wobei die Junkelmanns im Prinzip eine wörtliche Übersetzung des lateinischen Textes ist. Welche Version Sie auch immer bevorzugen: das **libum** verdient es, wiederentdeckt zu werden!*

Originaltext

Libum *hoc modo facito: casei p. II bene disterat in mortario; ubi bene disteriverit, farinae siligineae libram aut, si voles tenerius esse, selibram similaginis solum eodem indito permiscetoque cum caseo bene; ovum unum addito et una permisceto bene. Inde panem facito, folia subdito, in foco caldo sub testu coquito leniter.*

Cato Maior, *De Agr.* 75

Version 1:

- 600 g salziger Schafskäse (z. B. Pecorino)
- 300 g oder 150 g Weizenauszugsmehl
- 1 Ei
- mehrere frische Lorbeerblätter

Libum mache auf folgende Weise: Zerkleinere 2 Pfund[1] Käse sorgfältig im Mörser / in der Reibschale. Schüttle dann 1 Pfund *siligo* (Weizenauszugsmehl) oder, wenn das Brot von leichter Beschaffenheit sein soll, nur ein halbes Pfund, und vermische es mit dem Käse. Rühre noch ein Ei darunter. Forme einen Brotlaib, lege diesen auf (Lorbeer-)Blätter und backe ihn sachte auf dem warmen Herd unter einer irdenen Schüssel.

Zur weiteren Erläuterung fügt Dr. Junkelmann noch hinzu, dass man den Laiben am besten die typische Form römischer Brote gibt: rund mit acht radialen Einkerbungen, um das Zerteilen in gleich große Stücke zu zerteilen[2]. – Weiter heißt es: „Andere antike Autoren erwähnen eine süße Variante des *libum*, die mit Honig gefüllt oder nach dem Backen mit Honig bestrichen wird. Das *libum* kommt meist im Zusammenhang mit religiösen Zeremonien vor, doch ist auch der profane Verzehr überliefert."

Natürlich kann man Brot auch wie heute üblich im Backofen backen (s. Version 2). Möglich ist aber auch das Backen im abgedeckten irdenen Topf auf dem Grill, was sicher für Grillfeste attraktiv ist.

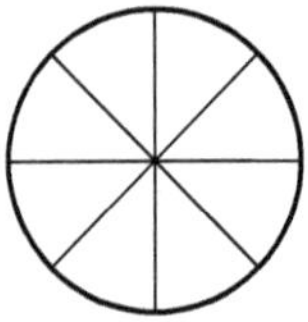

Typische Form eines römischen Brotlaibs.

Version 2:

Hier wird der *libum*-Teig zu Brötchen ausgeformt, was für Partys völlig o. k. ist. Der hierzulande relativ teure Pecorino, der auch nicht so einfach zu bekommen ist, wird in dieser Version durch Feta ersetzt. Verwenden Sie aber möglichst den originalen mit Schafmilch.

- 600 g Feta
- 300 g Mehl (oder nur die Hälfte, wenn die Brötchen „flacher werden" sollen, wie es bei Cato heißt)
- 2 Eier, verquirlt
- pro Brötchen ein (frisches) Lorbeerblatt
- Olivenöl

[1] Mit „Pfund" ist hier das römische Pfund von 323 g gemeint, was in den modernen Versionen auf 300 g abgerundet wird.

[2] S. die Zeichnung am Ende des Rezepts.

1. Den Backofen auf 210°C vorheizen.
2. Den Feta mit der Hand zerbröckeln und mit dem Mehl und den beiden Eiern zu einem Teig kneten.
3. Etwa handtellergroße Laibe formen und auf der Oberfläche kreuzweise einschneiden.
4. Auf die Unterseite jedes Brötchens ein Lorbeerblatt andrücken und auf ein mit Backpapier belegtes Backblech legen. Die Oberfläche mit Olivenöl bestreichen.
5. Im Backofen backen, bis die Oberflächen hellbraun sind.

> Experimentieren Sie ruhig auch einmal mit anderem geriebenem Käse. Möglicherweise müssen Sie dann aber etwas Flüssigkeit zugeben.

Pitta di Patate

Die Pitta ist sozusagen die Calzone auf apulisch und kann mit allen möglichen Füllungen versehen werden. Die hier angegebene ist daher nur als Beispiel zu verstehen. Auf jeden Fall benötigt man eine Tomatensauce; man kann dafür aber auch eine gekaufte benutzen. Das Rezept für diese ungewöhnliche Version mit gekochten Kartoffeln stammt noch aus der seinerzeit sehr beliebten Fernsehsendung »Hobbythek« mit Jean Pütz auf WDR 3. Die Mengenangaben für die Gemüse in der Füllung sind im Originalrezept genauso unspezifisch, was ich nicht geändert habe, da es – Gott sei Dank! – trotz aller Bemühungen der EU bislang noch nicht vollständig gelungen ist, Obst und Gemüse zu normieren. Aber auch für unerfahrene Pizza-Bäcker sollte das kein Problem darstellen.

Tomatensauce:

- 4 vollreife Tomaten, entkernt und in grobe Stücke geschnitten
- 1 Schalotte oder Zwiebel, sehr fein gehackt
- 1 Stange Staudensellerie, in dünne Scheiben geschnitten
- 2 EL Olivenöl
- 1 TL Tomatenmark
- ½ TL (brauner) Zucker
- ½ Lorbeerblatt
- 1 Zweig frischer Thymian

- 2 Knoblauchzehen, fein gehackt (oder beim Zugeben pressen)
- Salz
- schwarzer Pfeffer

1. Die Schalotte bzw. Zwiebel und den Sellerie in Olivenöl bei milder Hitze glasig, aber keinesfalls braun werden lassen.
2. Tomatenstücke, Tomatenmark, Zucker, Lorbeerblatt, Thymian und Knoblauch dazugeben und die Mischung etwa 15 Min. lang köcheln lassen. die Kräuter herausfischen und die Sauce mit Salz und Pfeffer abschmecken.

Der Teig:

- 1 kg mehlig kochende Kartoffeln
- 2 EL Olivenöl
- 3 Eier
- 1 Eigelb zum Bestreichen

Die Füllung:

- gewürfelte Auberginen, Zucchini, Paprikastückchen und/oder – ggf. aus der Dose – Artischockenherzen
- 1 Kugel (150 g) Mozzarella, gewürfelt
- 1 Zwiebel, fein gehackt
- 3 EL Kapern
- 100 g schwarze Oliven, entkernt, nach Belieben ganz oder in Scheiben geschnitten
- frische Basilikumblättchen, zerzupft
- Salz
- schwarzer Pfeffer

1. Die Kartoffeln ungeschält kochen, abschütten, schälen und zu Pürree zerstampfen (oder pressen). Mit dem Öl und den drei (Voll-)Eiern zu einem Teig verarbeiten.
2. Den Backofen auf 180°C vorheiten.

3. Ein Backblech mit Öl einfetten, dann die Hälfte des Teigs darauf streichen. Wie bei einer Pizza wird dieser Boden dann mit Tomatensauce bestrichen (beispielsweise mit der nach dem Rezept oben zubereiteten).
4. Die Gemüsestückchen gleichmäßig auf dem Teigboden verteilen, dann die Mozzarellawürfel darüber streuen; es folgen Zwiebeln, Kapern und Oliven. Mit Basilikumschnipseln, Salz und Pfeffer würzen.
5. Im Unterschied zu einer Pizza wird dann die Füllung mit dem restlichen Teig abgedeckt. Schließlich die Oberfläche mit Eigelb bestreichen. (Ich empfehle, in die Oberfläche einige Löcher zu stechen, damit der Dampf beim Garen abziehen kann.)
6. Im Backofen (Mitte) ca. 30–40 Min. backen.

Nachspeisen

Äpfel in Sidra

- 4 Äpfel (mit Stielen)
- 1–1½ l Sidra (oder anderer Apfelwein)
- 125 g Zucker
- 1 Zimtstange
- 1 Stück Zitronenschale

1. Die Äpfel schälen, dabei den Stiel *nicht* entfernen,
2. Äpfel in einen Topf stellen, und dabei soviel Sidra angießen, dass sie ganz bedeckt sind.
3. Zucker, Zimtstange und Zitronenschale hinzugeben und alles 15–20 Min. köcheln lassen. Dann Zimt und Zitronenschale entfernen.
4. Die Äpfel im Sirup aufbewahren oder noch warm in kleinen Schalen mit dem Sirup servieren.

Martinsbirnen

- 500 g kleine Birnen (am besten die rostbraunen Wintersorten)
- Rotwein
- Gewürznelken
- (brauner) Zucker

1. Backofen auf 200°C (Gas Stufe 3) vorheizen.
2. Die Birnen und ganz – also mit Schale und Stiel – in eine Backform mit hohem Rand legen. Die Früchte fast vollständig mit Rotwein bedecken.
3. Einige Nelken hinzufügen und alles mit Zucker bestreuen.
4. In den Ofen (Mitte) schieben und etwa 1 Std. lang backen; die Flüssigkeit sollte dabei eine sirupartige Konsistenz bekommen.
5. Abkühlen lassen und mit etwas von dem Sirup sowie Schlagsahne oder Vanille-Eis servieren.

Gedünstete Birnen

- 4 Birnen, geschält, halbiert und entkernt
- Saft einer mittelgroßen Orange
- 200 ml Malaga (oder anderer Süßwein) oder trockener Oloroso
- 50 g Rosinen
- 50 g gehackte Mandeln
- 2 Gewürznelken

1. Den Backofen auf 200°C (Gas Stufe 3) vorheizen.
2. Die Birnen in eine Auflaufform geben. Mit dem Orangensaft und dem Wein übegießen und die anderen Zutaten hinzufügen.
3. Im Backofen (Mitte) etwa 30 Min. garen. Warm oder abgekühlt mit Vanilleeis oder Vanillecreme wie z. B. *Crema Catalana* servieren.

Feigen aus dem Ofen

- 12 frische dunkle Feigen
- 2 Orangen
- 150 ml Rotwein
- 2 Gewürznelken
- 1 Zimtstange
- geriebene Muskatnuss
- 2 EL Honig

- Granatapfelkerne oder geröstete gehackte Mandeln

1. Den Backofen auf 180°C (Gas Stufe 2–3) vorheizen.
2. Die Feigen über Kreuz tief ein-, aber nicht durchschneiden und in eine feuerfeste Form legen.
3. Die Orangen auspressen und den Saft vorsichtig erhitzen. Rotwein, Nelken, Zimt, ein wenig geriebene Muskatnuss und nach Belieben Honig zugeben. Die Mischung 5 Min. köcheln lassen und über die Feigen gießen.
4. Die Feigen in den Ofen (Mitte) schieben und überbacken (bis sich die Schnittränder verfärben).
5. Abkühlen lassen und mit Granatäpfelkernen oder Mandeln garnieren.

Käsekuchen nach Art von Ibiza

- die Zutaten für eine normale Springform -

Der Teig:

- 300 g Mehl (plus weiteres Mehl zum Ausrollen)
- eine Prise Salz
- 4 EL Olivenöl
- 4 EL trockener Anisschnaps
- 4 EL Wasser

1. Das Mehl mit dem Salz zusammen in eine Schüssel sieben.
2. Anisschnaps, Olivenöl und so viel Wasser hinzufügen, dass der Teig zusammenhält. Zu einer Kugel formen und etwa 30 Min. im Kühlschrank ruhen lassen.
3. Den Backofen auf 220°C (Gas Stufe 4) vorheizen und dabei ein Backblech mit in den Ofen schieben, damit es Temperatur annimmt.

Die Füllung:

- 4 kleine Eier
- 175 g Zucker
- 400 g Magerquark, Sahnequark oder frischer, weißer Schafskäse
- 1 Bund frische Minze
- Butter zum Einfetten der Form
- Puderzucker zum Bestäuben

1. Die Eier mit dem Zucker schaumig schlagen.
2. Den Quark mit einer Gabel gut zerdrücken und die Eimasse unterziehen.
3. Minze waschen und trocken schütteln. Die Blätter abzupfen, grob hacken und unter den Quark mischen.
4. Eine Springform mit ebenem Boden mit Butter einfetten.
5. Den Teig auf einer bemehlten Arbeitsfläche dünn ausrollen und in die Form geben, dabei einen Rand von etwa 4 cm Höhe formen. Füllung gleichmäßig auf dem Boden verteilen und glatt streichen.
6. Form auf das vorgeheizte Backblech geben und im Backofen (Mitte) 30–40 Min. backen, bis er etwas aufgegangen und goldbraun ist.
7. Den Kuchen auf einem Gitter auskühlen lassen und mit etwas Puderzucker bestäuben und/oder mit frischen Minzblättchen dekorieren.

Eigentlich wird der Kuchen mit Schafskäse zubereitet, der hierzulande aber schwierig zu bekommen und teuer ist und möglicherweise auch nicht jedermanns Geschmack trifft. In einigen Rezepten wird er daher durch Magerquark, in anderen durch Sahnequark ersetzt. In einigen werden der Füllung noch 4 EL Honig und 1 EL Anisschnaps zugefügt.

Mandel-Milchreis mit Feigen

- 120 g Rundkornreis
- 1 Vanilleschote
- Schale und Saft von ½ unbehandelten Zitrone
- 750 ml Milch
- 6 EL Honig
- 1 Msp Salz
- 1 Msp Safran
- 200 g getrocknete Feigen
- 80 g geschälte Mandeln
- 2 EL Butter

1. Den Reis waschen und abtropfen lassen. Die Vanilleschote aufschlitzen und das Mark herauskratzen. Die Zitronenschale abreiben und den Saft auspressen.
2. Die Milch mit 5 Esslöffeln Honig, Vanillemark und Salz zum Kochen bringen. Den Reis hinein rieseln lassen und die Zitronenschale sowie den Safran einrühren. Die Hitze reduzieren und das Ganze zugedeckt etwa 40 Min. unter gelegentlichem Umrühren köcheln lassen.
3. Inzwischen die Feigen und die Mandeln grob hacken. 1 EL Butter und 1 EL Honig schmelzen und die Mandeln darin anrösten. Die Feigen dazugeben und das Ganze unter den Reis ziehen.
4. Die restliche Butter mit dem Reis mischen und alles zugedeckt etwa 5 Min. ziehen lassen. Den Reis mit dem Zitronensaft aromatisieren und auf Tellern anrichten.

> Wer's alkoholischer mag, kann die Feigen 1 bis 2 Stunden in Madeira oder Portwein marinieren.

Andalusische Mandeltorte

- die Zutaten für eine normale Springform -

Der Teig:

- 200 g Mehl
- 50 g Zucker
- 100 g Butter
- 1 Ei
- 1 EL Milch (3,5%)

Aus den Zutaten einen Mürbeteig kneten. Zu einer Kugel formen und etwa 30 Min. im Kühlschrank ruhen lassen.

Die Füllung:

- 150 g (im Idealfall frisch) gemahlene Mandeln
- 4 Eier
- 50 g Zucker
- 4 EL Cream Sherry
- abgeriebene Schale einer Zitrone
- 1 Prise Salz

1. Den Backofen auf 220°C (Gas Stufe 4) vorheizen.
2. Eier trennen. Eigelb und Zucker schaumig schlagen. Gemahlene Mandeln, Cream Sherry und Zitronenschale untermischen.
3. Eiweiß mit Salz zu sehr steifem Schnee schlagen. Den Eischnee gleichmäßig unter die Mandelmasse heben.
4. Form einfetten, den Teig auf einer bemehlten Arbeitsfläche ausrollen. Die Form damit sorgfältig auskleiden und einen etwa 3 cm hohen Rand formen. Mandelmasse gleichmäßig auf dem Teig verteilen und glatt streichen.
5. Kuchen im vorgeheizten Backofen (Mitte) etwa 30 Min. backen. Falls die Oberfläche zu dunkel wird, mit Alufolie abdecken. Die Mandeltorte auf einem Küchengitter ruhen lassen. (Hinweis: Schmeckt ganz frisch und mit Schlagsahne am besten.)

Leche frita – „Gebackene Milch"

- 140 g Butter
- 250 g Mehl (200 g für die Puddingschnitten, 50 g zum Bemehlen)
- 125 g Zucker
- 250 ml Milch (3,5%)
- 1 Prise Salz
- 1 Zimtstange
- 1 Stück Zitronenschale
- 1 Stück Orangenschale
- 4 Eier
- Öl für die Form
- 100 g feines Paniermehl
- 8 EL Olivenöl zum Ausbacken Puderzucker und gemahlener Zimt zum Bestäuben

1. Milch mit Salz, Zimtstange, Zitronen- und Orangenschale zum Kochen bringen.
2. Butter in einem Topf langsam schmelzen. 200 g Mehl unterrühren, aufwallen lassen und Zucker untermischen.
3. Zimtstange und Zitrusschalen entfernen und wegwerfen. Die heiße Milch in die Mehlmischung rühren.
4. Eier trennen und das Eiweiß kalt stellen.
5. Den Topf mit der Mehlmischung vom Herd nehmen. Eigelbe mit dem Handrührer nach und nach unter die Masse rühren.
6. Eine rechteckige Form von etwa 28 cm × 15 cm Größe mit Öl einpinseln, die Masse einfüllen, erst auskühlen und dann mindestens 3 Std., noch besser über Nacht, im Kühlschrank fest werden lassen.
7. Die Masse in Drei- oder Vierecke von etwa 5 cm Kantenlänge schneiden. Das Eiweiß verquirlen. Die Cremeschnitten erst durch das restliche Mehl, dann durch das Eiweiß und schließlich durch das Paniermehl ziehen.
8. Olivenöl in einer Pfanne erhitzen und die panierten Teilchen darin beidseitig goldgelb ausbacken. Auf einem Teller anrichten und mit Puderzucker und Zimt bestäuben. Kann warm oder kalt serviert werden.

Macedonia di Natale – Weihnachtsobstsalat

- 500 g gemischtes Trockenobst (Aprikosen, Pfirsiche, Ananas, Pflaumen, Feigen u.s.w.)
- 200 ml süßer Weißwein
- 500 ml Wasser
- 300 g Zucker
- Schale einer Zitrone (am Stück)
- Schale einer halben Orange (am Stück)
- 4 Gewürznelken
- gehackte Nüsse (zum Garnieren)

1. Trockenobst in eine Schale geben, mit Weißwein und Wasser übergießen und mind. 12 Std. lang darin einweichen.
2. Das Obst aus der Flüssigkeit nehmen und beiseite stellen. Die Einweichflüssigkeit zusammen mit dem Zucker, den Schalen und den Nelken in einen Topf geben und unter langsamem Rühren zum Kochen bringen.
3. Die Früchte hinzufügen und bei mittlerer Hitze so lange köcheln lassen, bis die Früchte weich sind.
4. Abkühlen lassen und Schalen und Nelken entfernen. Zum Servieren mit gehackten Nüssen bestreuen.

Orangeneis

- 250 g Zucker
- ¼ l Wasser
- 100 ml Blutorangensaft
- 300 ml flüssige Sahne
- Saft einer halben Zitrone

1. Den Zucker mit dem Wasser zu einem klaren Sirup aufkochen, dann vom Herd nehmen.

2. Den Orangensaft hinzufügen, mit der Sahne und dem Zitronensaft mischen und das Ganze einfrieren.
3. Sehr dekorativ ist es, das Eis vor (oder auch nach) dem Einfrieren in ausgehöhlte Orangen zu füllen.

Pfirsiche in Rotwein

Die Antwort aus dem Weinbaugebiet La Rioja auf die asturischen Äpfel in Sidra. Ein ähnliches Rezept ist auch aus Katalonien bekannt und folgt im Anschluss.

- 4 große, nicht zu reife Pfirsiche, geschält (funktioniert wie bei Tomaten, also kurz in kochendes Wasser tauchen, unter kaltem Wasser abschrecken und dann die Schale abziehen)
- etwa 250 ml Rotwein
- etwas Wasser
- 3 EL Zucker
- 1 Zimtstange
- 40 ml Weinbrand

1. Die Pfirsiche dicht nebeneinander in eine Kasserolle setzen.
2. Den Rotwein mit dem Zucker verquirlen und über die Pfirsiche gießen. Mit so viel Wasser auffülen, dass die Pfirsische bedeckt sind.
3. Zimt und Weinbrand zugeben und die Pfirsiche weich kochen.

Das Gericht kann je nach Belieben warm oder kalt mit etwas Kochflüssigkeit serviert werden. Hier noch die katalanische Version, die ohne Kochen funktioniert und daher wohl etwas alkoholischer daherkommen wird:

- 4–5 große, gelbfleischige Pfirsiche, geschält
- 2–3 EL Zucker
- etwa 500 ml Rotwein
- ¼–½ Glas Orangen- oder Zitronenlimonade

1. Das Fleisch der Pfirsiche vom Stein lösen und in dünne Spalten schneiden.

2. In eine Schale legen und mit dem Zucker bestreuen. Dann mit Rotwein übergießen. Die Spalten sollten ganz bedeckt sein.
3. Im Kühlschrank einige Stunden ziehen lassen. Kurz vor dem Servieren die Limonade dazu geben.

Dieses Rezept funktioniert mutatis mutandis auch mit Aprikosen und Mangos. Welche Früchte auch immer, servieren Sie sie auf jeden Fall zu Eiscreme, z. B. Vanilleeis.

Pfirsiche in Weißwein

Nach den Äpfeln in Apfelwein und den Pfirsichen in Rotwein darf zur Abrundung natürlich auch ein Rezept für Pfirsiche in Weißwein nicht fehlen. Ich empfehle, dafür weißfleischige Pfirsiche zu verwenden, die m. E. für dieses Gericht genau das passende Aroma haben. Leider sind sie hierzulande relativ selten zu bekommen.

- 8 kleine, reife Pfirsiche, geschält (s. o.)
- 500 ml Weißwein
- 2 EL Honig
- 1 Vanilleschote, der Länge nach zerteilt

1. Weißwein, Honig und Vanilleschote in einen Topf geben. Bei niedriger Temperatur unter ständigem Rühren erhitzen, bis der Honig aufgelöst ist.
2. Die Pfirsiche hinzugeben und so lange dünsten, bis das Fruchtfleisch gerade weich ist.
3. Abkühlen lassen, mehrere Stunden kalt stellen. Die Vanilleschote herausnehmen. Die Pfirsiche mit der Kochflüssigkeit in Cocktailgläsern servieren.

Gefüllte Pfirsiche auf sizilianische Art

Nach all den Pfirsich-Gerichten aus Spanien dürfen natürlich auch die Italiener nicht zu kurz kommen. Hier ein Rezept aus Sizilien.

- 1 EL Rosinen
- 2 TL Marsala oder anderen Süßwein oder Weinbrand
- 6 große, reife Pfirsiche
- 4 zerstoßene Löffelbiskuits
- 70 g (brauner) Zucker

- 1 Eigelb
- 1 TL Kakao
- 1 TL gemahlener Zimt
- 40 g gewürfelte, weiche Butter und weitere Butter für die Form
- 150 ml trockener Weißwein

1. Den Backofen auf 200°C (Gas Stufe 3–4) vorheizen.
2. Rosinen 20 Min. lang im Alkohol einweichen.
3. Die Pfirsiche halbieren und den Stein herausholen. Die Höhlung etwas vergrößern, das dabei anfallende Fruchtfleisch zerkleinern.
4. Das zerkleinerte Fruchtfleisch mit dem zerstoßenen Löffelbiskuit, dem Zucker, Eigelb, Kakaopulver, Zimt, den Rosinen und der Hälfte der Butter vermischen.
5. Die Pfirsiche mit der Höhlung nach oben in eine gebutterte Auflaufform oder dgl. legen und mit der Mischung füllen.
6. Auf jeden Pfirsich ein kleines Stückchen Butter geben und etwas Zucker darüber streuen. Mit dem Wein begießen.
7. Im Ofen 30 Min. backen. Kann heiß oder kalt serviert werden.

Reispudding mit Orange

- 600 ml Milch
- 220 ml süße Sahne
- 1 Zimtstange oder 4 gewaschene und geknickte frische Lorbeerblätter
- 4 EL Reis (im Originalrezept wird Langkornreis empfohlen)
- 60 g Zucker
- 2 EL Rosinen
- abgeriebene Schale einer Orange (oder fertig mit etwas Zucker gemischte Orangenschale, wie sie normalerweise zum Backen verwendet wird)
- 5 Tropfen Vanillearoma
- 2 EL Pinienkerne, Mandelstifte, gehackte Mandeln oder grüne Pistazien

1. Milch und Sahne in einem mittelgroßen Topf bei mittlerer Hitze unter gelegentlichem Rühren zum Kochen bringen. ***Achtung: Nicht anbrennen lassen!***
2. Zimtstange oder Lorbeerblätter hinzufügen, dann den Reis einrieseln lassen. Die Hitze auf die niedrigste Stufe reduzieren und etwa 1 Std. unter gelegentlichem Rühren leicht köcheln lassen, bis der Reis gar ist und die Masse dick und cremig wird.
3. Zucker, Rosinen und Orangenschale zugeben und rühren, bis der Zucker aufgelöst ist. Vom Herd nehmen, die Lorbeerblätter entfernen und das Vanillearoma einrühren.
4. Mandeln oder Pinienkerne in einer Pfanne gold-braun rösten.
5. Den Pudding in Portionsschälchen füllen und mit Mandeln oder Pinienkernen bestreuen. Warm servieren oder kalt stellen und weiter eindicken lassen.

Schwarzer Reis nach Art von Messina

Unter „Schwarzem Reis" versteht man in Spanien und Italien eigentlich ein herzhaftes Reisgericht mit Meeresfrüchten, das seine dunkle Farbe einem Quantum Sepia-Tinte verdankt. Nicht so jedoch in Messina …

– für 6 Personen –

- 1 l Vollmilch (3,5%)
- 75 g feiner Zucker
- 1 Stück unbehandelte Zitronenschale
- einige Tropfen Vanillearoma
- 500 g Milchreis
- 1 Prise Salz
- 1 Zimtstange
- 300 g Kakaopulver
- 200 g geraspelte Bitterschokolade
- 200 g gehackte und geröstete Mandeln
- 4 kleine Tässchen Espresso
- 1 großer Stich Butter

1. Die Milch, den Zucker, die Zitronenschale und das Vanillearoma in einem großen Topf zum Sieden bringen.
2. Den Reis, das Salz und die Zimtstange hinzugeben. Zugedeckt bei schwacher Hitze unter gelegentlichem Rühren 20 Min. weiterkochen, bis der Reis die gesamte Milch aufgesogen hat und gar ist.
3. Den Milchreis vom Herd nehmen, Zimtstange und Zitronenschale entfernen. nach und nach das Kakaopulver einrühren.
4. Die geraspelte Schokolade, die Mandeln und den Espresso hinzufügen und so lange umrühren, bis der Milchreis eine gleichmäßige braune Farbe angenommen hat.
5. Butter unterrühren und den Milchreis in eine schöne Schüssel geben. Heiß oder kalt servieren, z. B. mit Schlagsahne und darüber gestreuten klein gehackten kandierten Früchten.

Zimtreispudding mit Winterobst

Der Pudding:

- 150 g Rundkornreis
- 1 EL (normaler weißer) Zucker
- 2 EL Sultaninen
- 1 TL geriebene Orangenschale
- 750 ml Milch (3,5%)
- ½ TL gemahlener Zimt
- 2 TL (brauner) Zucker

1. Den Backofen auf 150°C vorheizen.
2. Eine tiefe, feuerfeste Form mit einem Fassungsvermögen von etwa 1 l dünn mit Öl einfetten.
3. Reis in die Form geben und mit 1 EL Zucker, Sultaninen und Orangenschale bestreuen. Milch darüber gießen und im Backofen (Mitte) 1 Std. lang backen.
4. (Braunen) Zucker und Zimt mischen, über den Pudding streuen und diesen weitere 20 Min. backen.

Die Winterfrüchte:

- 12 getrocknete Aprikosen
- 12 Backpflaumen
- 125 g Rosinen
- 250 ml Orangensaft
- 1 Zimtstange
- 4 Bananen, geschält und in Scheiben geschnitten
- 1–2 EL Rum (oder entsprechend mehr Orangensaft)

1. Aprikosen, Backpflaumen, Rosinen, Orangensaft und Zimstange in einem Topf aufkochen lassen, zudecken und 10 Min. köcheln lassen.
2. Bananen zugeben und weitere 2–3 Min. weiterkochen lassen. Rum oder weiteren Orangensaft zugießen und die Früchte zusammen mit dem Pudding servieren.

Torrijas – Arme Ritter auf spanische Art

- ¼ l lauwarme Milch (3.5%)
- 100 g Zucker
- 8 Scheiben altbackenes Weißbrot
- 3 Eier
- ¼ l Öl
- 1 TL Zimt

1. Die lauwarme Milch mit der Hälfte des Zuckers verrühren. Den restlichen Zucker mit dem Zimt vermischen.
2. Die Brotscheiben darin 10 Min. quellen lassen, dabei einmal wenden.
3. Die Eier verquirlen und die Brotscheiben darin wenden.
4. Im heißen Öl portionsweise von beiden Seiten goldbraun ausbraten.
5. Herausheben, auf Küchenpapier abtropfen lassen und warm stellen, bis alle Scheiben gebraten sind.
6. Vor dem Servieren die Scheiben mit dem Zimtzucker bestreuen. Man kann die *torrijas* auch mit Honig reichen.

Traubenpudding

- 4 gehäufte EL Maisstärke
- 125 ml kaltes Wasser
- 1 l roter Traubensaft
- Schlagsahne (geschlagene Sahne)
- etwas gemahlener Zimt

1. Maisstärke mit dem Schneebesen im kalten Wasser auflösen und ganz glatt rühren. Beiseite stellen.
2. Den Traubensaft langsam bei mittlerer Hitze zum Kochen bringen.
3. Die Stärkelösung langsam in den kochenden Traubensaft gießen und dabei 1 Min. ohne Unterbrechung rühren. Wenn der Pudding zum Kochen kommt (und er muss zum Kochen kommen, damit die Stärke ihren typischen Beigeschmack verliert), den Topf von der Kochstelle nehmen und etwas abkühlen lassen.
4. In Weingläser oder dgl. füllen und mindestens 3 Std. lang kühl stellen. Mit Schlagsahne und einer Prise Zimt darüber servieren.

Walnusskuchen auf Athener Art

- etwa 36 Stücke -

Die Anzahl der Stücke mag nach miskroskopischen Mengen klingen; aber dieser Kuchen ist sehr mächtig, praktisch pure Kilocalorien ohne jede lästige Beimischung. Ich habe schon „gestandene Mannsbilder“ bei dem Versuch scheitern sehen, mehr als ein Stück dieser Kalorienbombe zu verdrücken. Bedenken Sie auch, dass Kuchen in südlichen Ländern als Dessert gegessen wird.

Der eigentliche Kuchen:

- 220 g Butter, bei Zimmertemperatur (und weitere zum Einfetten der Form)
- 200 g Zucker
- 2 TL Vanille-Essenz
- 8 mittelgroße Eier, bei Zimmertemperatur

- 1½ TL Backpulver
- 2 TL gemahlener Zimt
- 200 g Grieß
- 150 g Mehl
- 125 ml Milch (3,5%)
- 500 g grob gehackte Walnusskerne

1. Den Backofen auf 180°C–200°C (Gas Stufe 2–3) vorheizen.
2. Eine quadratische Backform mit Butter einfetten.
3. Die 220 g Butter mit dem Zucker schaumig rühren. Vanilleessenz und Eier hinzufügen und 2 Min. weiterschlagen. Backpulver und gemahlenen Zimt zugeben und noch einmal 2 Min. schlagen.
4. Langsam den Grieß, das Mehl, die Milch und die Walnüsse dazugeben.
5. Den Teig in die Form geben und die Oberfläche glatt streichen. Im Backofen (Mitte) 40 Min. backen (Zahnstocherprobe machen!).

Der Sirup:

- 400 g Zucker
- 750 ml Wasser
- 8 EL Honig
- ½ Zimtstange
- 1 Orangenscheibe mit unbehandelter Schale (zur Not tut's wieder die schon mehrfach erwähnte fertige Mischung aus Zucker und geriebener Orangenschale)
- Weinbrand (nach Belieben), eines meiner Rezepte schreibt stattdessen Rum vor

1. Während der Kuchen im Ofen ist, die Zutaten für den Sirup bis auf den Weinbrand in einem Topf unter Rührem zum Kochen bringen, dann die Hitze reduzieren und köcheln lassen, bis die Flüssigkeit dickt, dann den Weinbrand einrühren. Als Anhaltspunkt für dessen Menge mag dienen, dass eines meiner Rezepte „1–2 Weingläser“ davon vorschreibt.
2. Den fertig gebackenen Kuchen aus dem Ofen nehmen und noch heiß in Portionen teilen. Etwas Sirup langsam und gleichmäßig über den Kuchen gießen. Wenn er aufgesogen ist, den Vorgang immer wieder wiederholen, bis der Sirup aufgebraucht ist. Alles auf Zimmertemperatur abkühlen lassen.

Rawani – Griechischer Zuckerkuchen

– etwa 20 Portionen –

- 750 ml Wasser
- 550 g Zucker
- 1 EL Zitronensaft
- 200 g Butter (und weitere zum Einfetten der Form)
- 5 mittelgroße Eier, verquirlt
- 200 g Grieß
- 300 g Mehl, gesiebt
- 3 TL Backpulver
- 2 TL Rum (54%)
- weiter 125 ml Rum zum Flambieren

1. Das Wasser mit 400 g Zucker und dem Zitronensaft bei mittlerer Hitze 15 Min. köcheln lassen. Zum Abkühlen von der Kochplatte nehmen. Der Sirup soll wässrig, nicht klebrig sein.
2. Den Backofen auf 180°C (Gas Stufe 2) vorheizen.
3. Butter bei milder Hitze schmelzen, aber nicht braun werden lassen. In eine Schüssel geben und mit dem restlichen Zucker zu einer Creme verrühren. Die Eier, den Grieß, das Mehl und das Backpulver mischen, zu der Zuckermasse geben und alles sorgfältig miteinander verrühren.
4. Eine größere rechteckige Form mit Butter einfetten (der Teig braucht mind. 2 cm zum Aufgehen). Den Teig in die Form geben und glatt streichen.
5. Im Backofen (Mitte) 35 Min. backen. Der Kuchen sollte oben mittelbraun sein. Die Zahnstocherprobe machen!
6. Den fertig gebackenen Kuchen aus dem Ofen nehmen und noch heiß in Portionen teilen. Etwas abgekühlten Sirup (Punkt 1) langsam und gleichmäßig über den Kuchen gießen. Wenn er aufgesogen ist, den Vorgang immer wieder wiederholen, bis der Sirup aufgebraucht ist. Auf Zimmertemperatur abkühlen lassen.

7. Vor dem Servieren in einem Topf 125 ml Rum 2 Min. bei niedriger Hitze erwärmen und langsam über den Kuchen gießen. Mit einem Streichholz anzünden und brennend servieren. (Wenn man in dem Raum, in dem gegessen wird, das Licht ausschaltet und den Kuchen brennend auf einem Servierwagen hereinfährt, gibt das einen tollen Effekt!)